Guram Odischaria

Der Pass der Flüchtlinge

Herausgegeben von

Manana Tandaschwili und Jost Gippert

Übersetzt von

Luka Kamarauli

Reichert Verlag 2015

This book is published with the support of the

Georgian National Book Center

and the

Ministry of Culture and Monument Protection

of Georgia.

GEORGIAN NATIONAL
BOOK CENTER

MINISTRY OF CULTURE AND
MONUMENT PROTECTION OF GEORGIA

Bibliografische Information der Deutschen Nationalbibliothek

Die Deutsche Nationalbibliothek verzeichnet diese Publikation in der Deutschen Nationalbibliografie; detaillierte bibliografische Daten sind im Internet über http://dnb.dnb.de abrufbar.

Inhalt

Vorwort

Als Ende der 1980er Jahre die Sowjetunion auseinanderfiel und sich aus den ehemaligen Sowjetrepubliken neue, unabhängige Staaten zu formen begannen, entbrannten an verschiedenen Orten bewaffnete Auseinandersetzungen, die sich um Identität, Ethnizität, Religionszugehörigkeit, politisches Machtkalkül und anderes bis dahin durch den totalitären Staatsapparat im Zaum gehaltenes Konfliktpotenzial rankten. Ganz besonders betraf dies die drei neuen Staaten südlich des Kaukasus, Armenien, Aserbaidschan und Georgien, deren multiethnische, multilinguale und multireligiöse Bevölkerungsstruktur teils im Inneren, teils im wechselseitigen Verhältnis Kriege hervorrief, die bis heute nicht beigelegt sind. Im einen Fall, dem sog. Bergkarabach-Konflikt zwischen Armenien und Aserbaidschan, führten die von 1988 bis etwa 1994 andauernden Kämpfe zu der Quasi-Annexion der namengebenden Region, einer früheren Autonomen Teilrepublik innerhalb der Sowjetrepublik Aserbaidschan, durch Armenien. Im anderen Fall, dem georgisch-abchasischen Krieg, entstand zur gleichen Zeit – zwischen 1989 und 1993 – ebenfalls aus einer früheren Autonomen Teilrepublik ein die Unabhängigkeit für sich einforderndes Staatengebilde, die „Republik Abchasien", die freilich bis heute außer von Russland nur von den wenigsten Staaten der Welt als solches anerkannt ist. Hinzu gesellt sich die Auseinandersetzung rund um Südossetien, ein ehemaliges Autonomes Gebiet innerhalb Georgiens, das seit dem russisch-georgischen Krieg im Jahre 2008 ebenfalls Unabhängigkeit für sich beansprucht. Auch wenn man keinen dieser Konflikte, seine Hintergründe oder seine Akteure von außen wertend kommentieren will, so bleibt doch die Tatsache bestehen, dass sie alle in erheblichem Maße menschliche Opfer gefordert haben, wozu nicht nur die zahlreichen Toten zu zählen sind, sondern auch Hunderttausende von Flüchtlingen, die heute als Vertriebene gelten können, da ihnen die Rückkehr in ihre angestammten Wohnorte unmöglich ist.

Von einer dieser Katastrophen handelt Guram Odischarias Buch. Als Augenzeuge beschreibt er fast wie in einem Tagebuch die Ereignisse zwischen dem 24. September und dem 5. Oktober 1993, als die georgischen Regierungstruppen die Gewalt über die abchasische Hauptstadt Suchumi (georg. სოხუმი, *Soxumi*) verloren und Soldaten wie Zivilisten ihr Heil in der Flucht suchten. Die Bilder des letzten Flugzeugs, das am 22. September Suchumi in Richtung Tbilisi verließ, zum Bersten gefüllt mit Frauen und Kindern, gingen ebenso um die Welt wie diejenigen einer in umgekehrter Richtung gestarteten Maschine, die bei der Landung in Suchumi abgeschossen wurde.[1] Weit weniger globale Aufmerksamkeit erlangte demgegenüber der riesige Flüchtlingstreck, der sich von Suchumi aus entlang des Flusses Kodori (კოდორი, *Ķodori*) aufmachte, um über die Berge in sicheres Gebiet zu gelangen, und an dem auch Guram Odischaria mit seinen Verwandten teilnahm.[2] Für Odischaria begann die Flucht am 27. September, dem Tag, an dem sich Eduard Schewardnadse – als Mitglied des Staatsrats Georgiens nach Abchasien entsandt – mit einer Militärmaschine aus Suchumi absetzte, womit die georgische Kontrol-

---

1 Die Filmausschnitte sind in einer Sendung des georgischen Fernsehens vom 21.9.2013 enthalten, die unter https://www.youtube.com/watch?v=qk0Fr HS8YJo abgerufen werden kann.

2 Videoaufnahmen des Trecks kann man unter https://www.youtube.com/ watch?v=FTV5qo6nyV0 sehen (hochgeladen am 31.7.2011); gemäß Texteinblendung stammen die Aufnahmen von Jimsher Bedianashvili, dem Herausgeber der Emigrantenzeitung Akhali Iveria.

le über die Stadt endete.[3] Odischarias Odyssee beginnt in seinem Heimatdorf Matschara (მაჭარა, *Mačara*), ca. zehn Kilometer südöstlich von Suchumi am gleichnamigen Fluss gelegen, und führt ihn zunächst mit dem Auto, unter ständiger Bedrohung durch bewaffnete Marodeure, über Mercheuli (მერხეული, *Merxeuli*), Zebelda (წებელდა, *Çebelda*) und Genzwischi (გენწვიში, *Gençviši*) bis nach Sakeni (საკენი, *Sakeni*) in das obere Ende des Kodori-Tals hinauf. Von hier aus muss er wie alle, die keinen Platz in einem der wenigen einsatzbereiten Hubschrauber erlangen und nicht über eine geländegängige Zugmaschine verfügen, zu Fuß den mehr als 2600 Meter hohen Pass überqueren, der in die zu Swanetien gehörende Gemeinde Tschuberi (ჭუბერი, *Çuberi*) führt (vgl. die Kartenskizze).[4] Von hier aus versucht sich Odischaria wie die meisten Mitflüchtlinge durch das auch im Innern vom Bürgerkrieg gebeutelte Georgien in Richtung auf die Hauptstadt Tbilisi durchzuschlagen. Wer in den späteren 1990er Jahren in Tbilisi war, kann nicht umhin, sich an den Anblick von Hotels zu erinnern, die für ausländische Gäste keinen Platz bieten konnten, weil sie bis zum Dach mit Flüchtlingen gefüllt waren – ein menschenunwürdiger Zustand, der erst nach der Machtübernahme Michail Saakaschwilis im Jahr 2004 ein Ende fand.[5]

Der im Mittelpunkt von Odischarias eindrucksvoller, stark persönlich geprägter Schilderung stehende, für den Autor na-

---

3   Die Umstände der Flucht Schewardnadses sind eindrücklich in dem Buch ჟამი ჭეშმარიტი (*Žami češmariṭi*, etwa „Stunde der Wahrheit") von Giorgi Zikarischwili (გიორგი წიქარიშვილი, Giorgi Çikarišvili; Tbilisi 2003) beschrieben. Danach konnte die Maschine wegen Treibstoffmangels nur bis Batumi fliegen, wo sich Schewardnadse allerdings nicht zeigen durfte (S. 466).

4   Genauer in das Dorf Lachami (ლახამი, *Laxami*), das am gleichnamigen Fluss liegt.

5   Ein Bild des Hotels Iveria aus dem Jahre 2002 findet sich unter https://upload.wikimedia.org/wikipedia/commons/b/b7/Downtown_Tbilisi%2C_Georgia%2C_in_the_forefront_Hotel_Iveria%2C_May_2002.jpg.

menlose Pass[6] hat in der Tat eine bemerkenswerte Geschichte, nicht nur für die Flüchtlinge des Jahres 1993. Er liegt in der Mitte eines in nord-südlicher Richtung verlaufenden Bergkamms, der die Wasserscheide zwischen dem aus Oberswanetien herabströmenden Ingur (ენგური, *Enguri*) und dem bei Suchumi ins Meer mündenden Kodori bildet und der heute wie schon zu sowjetischen Zeiten die Grenze Abchasiens markiert. Gleichwohl muss er als die einzige Verbindung zwischen Swanetien und dem Kodori-Tal jahrhundertelang genutzt worden sein, da die Bevölkerung im oberen Teil des Kodori-Tals nachweislich aus verschiedenen Teilen Swanetiens stammt. Dies haben die zahlreichen Sprachaufnahmen erwiesen, die zwischen 2002 und 2006 im Zuge eines Dokumentationsprojekts der swanischen Sprache im Kodori-Tal gemacht wurden,[7] und auch die Ortsnamen sowie die

---

6   Odischaria gibt an, den Namen des Passes nie gehört zu haben. Laut http://wikimapia.org/6270756/ka/აჯარა heißt er ხიდის უგელტეხილი (*Xidis uɣelṭexili*), was soviel bedeuten würde wie „Brückenpass" (entsprechend auch auf der russischen Generalkarte K-38-025 des Jahres 1989: „пер. Хида"). In den swanischen Texten des ECLinG-Projekts (s.u. Fn. 7) wird er öfter einfach als „Tschuberi-Pass" bezeichnet (so z. B. in einer Erzählung, die explizit die Überquerung des Passes im Krieg zum Inhalt hat; s. http://hdl.handle.net/1839/00-0000-0000-0009-FBAB-5@view). Die zahlreichen Übergänge zwischen dem Kodori-Tal und dem nördlichen Kaukasus tragen andere Namen; s. z. B. http://hdl.handle.net/1839/00-0000-0000-000C-3659-4@view und I. Chantladze (ი. ჩანტლაძე, I. Čanṭlaʒe) et al., *Ḳodoruli kroniḳebi* I, Tbilisi 2007-2010, S. 141-144.

7   Das von J. Gippert und M. Tandaschwili initiierte und geleitete Projekt namens „ECLinG" („Endangered Caucasian Languages in Georgia"; s. http://titus.fkidg1.uni-frankfurt.de/ecling/ecling.htm) wurde von 2002-2006 im Rahmen des Programms „Dokumentation Bedrohter Sprachen" („DoBeS") durch die Volkswagenstiftung gefördert; auf georgischer Seite waren Iza Chantladze, Medea Saghliani, Rusudan Ioseliani, Ketevan Margiani u.a. beteiligt. Die transkribierten und auf englisch und georgisch übersetzten Aufnahmen sind im Language Archive des Max-Planck-Instituts für Psycholinguistik, Nijmegen, unter http://hdl.handle.net/1839/00-0000-0000-0008-261A-B@view abrufbar (für den Zugang ist teilweise eine Registrierung erforderlich). Verschiedene der aufgenommenen Texte sind in

von Odischaria erwähnten Familiennamen Gudschedschiani (გუჯეჯიანი, *Gužežiani*) und Zalani (ცალანი, *Calani*) sind swanisch.[8] Tatsächlich ist das obere Kodori-Tal, das auf swanisch den Namen *Däl* (georg. დალი, *Dali*) trägt, auch nach 1993 in georgischer Hand geblieben, und am 29. September 2007 wurde durch Michail Saakaschwili sogar eine völlig neue 42 Kilometer lange, auch im Winter befahrbare Autotrasse eingeweiht, die Sakeni mit Tschuberi verband, jedoch nicht mehr über den Flüchtlingspass führte.[9] Diese Trasse dürfte seit dem 13. August 2008 wieder gesperrt sein, nachdem im Zuge des russisch-georgischen Kriegs das obere Kodori-Tal von Abchasien annektiert wurde.[10] Wie viele der Swanen heute im Kodori-Tal leben, bleibt ungewiss.[11]

---

dem Werk *Ḳodoruli ḳroniḳebi* (Kodori-Chroniken, s. Fn. 6) abgedruckt (mit georgischer Übersetzung).

8 S. hierzu die im Rahmen des ECLinG-Projekts erstellte, noch unveröffentlichte ethno-historische Studie von Roland Topchishvili (თოფჩიშვილი, Topčišvili), *Svanetia and its Inhabitants*, wonach beide Namen v. a. im unteren Teil Oberswanetiens beheimatet sind (in den Gemeinden Bečo und Eceri).

9 Eine entsprechende Pressemitteilung findet sich unter http://www.civil. ge/geo/article.php?id=16237, ein Videofilm der Einweihung unter http:// www.myvideo.ge/?video_id=97443 (hochgeladen am 15.12.2007). Die Trasse wird in Georgien offiziell als Nationalstraße mit der Nummer Š-100 geführt; s. https://ka.wikipedia.org/wiki/საქართველოს_საავტომობილო_ გზები.

10 Ein Videoclip, der die Machtübernahme zeigt, findet sich unter https:// www.youtube.com/watch?v=P5keGF48Beo.

11 Laut einem Zeitungsartikel vom 24.5.2010 (aus der Zeitung 24saati, s. http://www.24saati.ge/weekend/story/6707-kodoris-kheobashi-dabrunebuli-svanebi) sollen von ursprünglich rund 800 Familien (2570 Personen), die das Tal nach 2008 verließen, 40 zurückgekehrt sein.

Der Autor

Guram Odischaria wurde am 24. September 1951 in Suchumi geboren, genoss ebendort seine schulische Ausbildung und absolvierte ein Studium an der historisch-philologischen Fakultät der Universität Abchasiens. Er ist Autor von 23 Büchern, darunter 11 Poesiewerke; darüber hinaus verfasste er Theaterstücke, Film- und Fernsehdrehbücher. Zahlreiche Werke Odischarias wurden ins Englische, Französische, Deutsche und verschiedene andere Fremdsprachen übersetzt. Für sein Schaffen erhielt er unter anderem den Georgischen Staatspreis und die Goldene Tschechow-Medaille.

Neben seinem schriftstellerischen Schaffen betätigte sich Odischaria als Zeitungs- und Zeitschriftenredakteur sowie als Radiojournalist und war zeitweise Referent der Kulturvereinigung beim Ministerrat Abchasiens. Von 2012 bis 2014 hatte er das Amt des Ministers für Kultur und Denkmalschutz in Georgien inne; in dieser Funktion unterzeichnete er 2014 den Vertrag mit der Frankfurter Messegesellschaft über den Status Georgiens als Gastland der Frankfurter Buchmesse 2018. Im Jahre 2008 wurde er in Seoul (Südkorea) zum Friedensbotschafter ernannt.

Für die finanzielle Unterstützung bei der Herausgabe dieses Buches danken wir dem Ministry of Culture and Monument Protection of Georgia und dem Georgian National Book Center ganz herzlich. Ein besonderer Dank geht an den Sponsor der Ausgabe, Herrn Giorgi Odischaria.

Jost Gippert

Guram Odischarias Fluchtroute

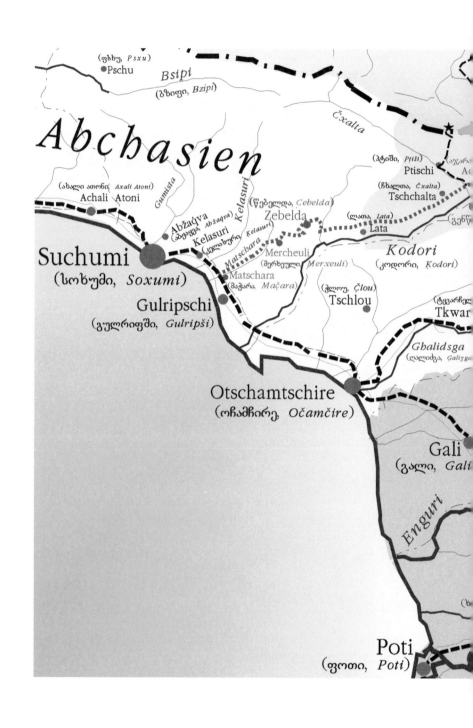

Der Pass der Flüchtlinge

Meiner Tochter Salome

Der Pass, den wir zu überwinden hatten, die Herausforderungen, die mit unserem Vorhaben verbunden waren, und das Gefühl, als ob mich eine endlose Last erdrücken würde – alles das spürte ich, bei allem, was mir heilig ist, bereits lange bevor ich auch nur einen Fuß auf diesen Berg gesetzt hatte ... Wie viele Jahrhunderte lang waren wir nicht schon auf diesem Berg gewandelt, wir alle: Ich, meine Kinder, meine Eltern, meine Verwandten und viele andere, die mir etwas bedeuten: Menschen, die noch am Leben sind, ebenso wie von uns Geschiedene und selbst solche, die das Tageslicht noch nicht erblickt haben – und auch jetzt wandeln wir alle auf diesem Berg. Schritt für Schritt bewegen wir uns vorwärts, es schneit, und um uns herrscht Eiseskälte ... Wie müde der Körper doch sein kann, wie erschöpft Geist und Seele ... Selbst der Herzschlag ist kaum noch zu spüren, wie dahingeschwunden, und trotzdem schreiten wir trotzig und entschlossen voran. Die Strecke scheint kein Ende zu nehmen ... „Mögest du den Vertriebenen, den Flüchtlingen und allen, die in Not geraten sind, helfen, Vater unser ..." – So ungefähr sprach ich zu mir selbst, während jener schrecklichen Nacht des 2. Oktober 1993 am höchsten Punkt des Bergpasses zwischen Sakeni und Tschuberi. Kurz zuvor waren vor meinen Augen, wenn nicht sogar unter meinen Händen, einige aus unserer Gruppe elendiglich verreckt.

Das Dorf Matschara, aus dem mein Vater stammt, hatte ich am Abend des 27. September in meinem schon recht alten *Wolga* verlassen. Im Auto sitzen meine Mutter, mein Bruder und mein Freund Gela Mamporia. Meine Frau und meine Tochter Salome sind bereits in Tbilisi, was mich einigermaßen beruhigt.

Am 27. September hatten wir Suchumi verloren. Kein Bataillon hatte es mehr vermocht, die Kodori-Brücke einzunehmen, auch keiner der aus Soldaten und hasserfüllten Ortsansässigen zusammengewürfelten Freischärlertrupps. Die zivile Bevölkerung war gezwungen, den einzigen noch offenen Fluchtweg zu nehmen: den über die Berge nach Swanetien. Alle haben noch gut in Erinnerung, was kurz zuvor in Gagra passiert war, und nicht nur in Gagra. Die Flüchtigen haben es eilig, manche zu Fuß, andere mit dem Auto … Einige machten sich sogar zu Pferde in Richtung des Passes auf.

Eine Kohorte Uniformierter marschiert ungeordneten Schrittes Richtung Mercheuli. Ihnen folgen voll mit Soldaten beladene Truppentransporter (auf russisch nennt man die BMP, was so viel bedeutet wie „Kriegsgerät für Fußsoldaten"). Es ist ein herrlicher, sonniger Herbstnachmittag – „hell, bunt, mild, majestätisch", „ein Tag wie Schokolade" – es ist schon einige Zeit her, dass ich mir diese Umschreibungen für genau solche Tage am Meer ausgedacht habe.

Auf den Feldern reift der Mais, in den Höfen gedeiht die Isabela, eine ganz besondere Art von Trauben. Es ist Erntezeit. Die Mandarinen- und Orangenbäume blühen in voller Pracht, und der unverwechselbare Duft der Feijoa-Guave liegt in der Luft. Das Meer funkelt in einem wunderschönen Blau herüber, darüber neigt sich die untergehende Sonne.

Meine Mutter nimmt Abschied von diesem wunderschönen Fleckchen Erde, wo sie und ihre Vorfahren ihr Leben verbracht haben. Tränen stehen ihr in den Augen. „Ich bin Gott zum Dank verpflichtet, dass euer Vater das nicht mehr erleben muss", sagt sie zu meinem Bruder und mir.

Die alte Autobatterie mobilisiert die letzten Reserven, und wie durch ein Wunder springt der Wagen noch einmal an.

Ich versuche, mich zu beeilen, denn ich muss meine Freunde einholen. Der Sprit wird knapp. Sie werden mir etwas abgeben müssen. Eine Verwandte von mir will ich bei meinem Nachbarn unterbringen, der noch Platz im Auto hat. Später sollte ich diese Idee bereuen, denn sie fuhr nicht mit dem Nachbarn – sie hatte sich zu Fuß auf den Weg gemacht.

Hinter der Matschara-Brücke geht es sofort rechts ab. Auf der Straße kommen wir nur stockend voran. Vor meinem Wagen blubbern zwei BMPs dahin, randvoll mit Soldaten befrachtet. Ihr Gesichtsausdruck ist kaum zu deuten, ihre Blicke sind vollkommen leer. Gerade als ich versuche, die beiden Transporter zu überholen, taucht plötzlich ein Jeep im Gegenverkehr auf, ebenfalls voll mit Soldaten, in schwarzer Uniform. Sie fangen an, auf uns zu schießen, bis sich ihre Magazine leeren. Die Kugeln sirren über unsere Köpfe und die BMPs hinweg. Ich steige in die Eisen und vollführe eine Vollbremsung.

„Kehrt sofort um, ihr Hurensöhne …", schreien die Schwarzgekleideten die Fahrer der BMPs an. „Kehrt um, sonst schlachten wir euch ab! Wer hat euch den Befehl gegeben, die Stadt zu verlassen! …"

Irgendwie schaffe ich es, mit dem *Wolga* zwischen den BMPs und dem Jeep hindurchzuschlüpfen. „Nochmal Glück gehabt und am Leben geblieben", sage ich zu mir selbst, und dieser Moment sollte tiefe Spuren in meinem Herzen hinterlassen.

Drei Tage bevor Suchumi fiel, hatte ich Geburtstag gehabt. Das war der 24. September. Soweit ich mich zurückerinnern kann, hat meine Mutter an meinem Geburtstag immer einen Hahn geschlachtet, eine Kerze angezündet und zum Herrn gebetet, er möge über mich und mein Wohlergehen wachen. Zwei meiner älteren Brüder sind während meiner Kindheit ums Leben gekommen, und meine Eltern lebten stets in Sorge um mich und meine Gesundheit. Als ob das Schicksal sie stetig zu prüfen versuchte, wurde ich in meiner Kindheit sehr oft von Krankheiten geplagt.

An dem besagten Tag wurde Suchumi auf das Heftigste bombardiert. Keine zehn Kilometer von uns entfernt tobten erbitterte Gefechte. So geschah es das erste und einzige Mal, dass meine Mutter, die die ganze Nacht über nicht schlafen konnte und grauenvolle Stunden durchgemacht hatte, meinen Geburtstag vergaß. Ich habe sie nicht daran erinnert – mir selbst bedeutete dieser Tag nicht sonderlich viel. Meinem Bruder fiel es jedoch gegen Nachmittag ein, und meine Mutter brach in bittere Tränen aus – sie konnte nicht fassen, dass sie es vergessen hatte. Ich versuchte, sie zu beruhigen: Wie sollte ich meinen Geburtstag feiern, wenn dieser 24. September für so viele Menschen der letzte Tag in ihrem Leben war? An jenem Morgen schlugen einige Artilleriegeschosse in der Nähe unseres Hauses ein, eines erwischte unseren Nachbarn, der an seinem Hofeingang stand. Die Wucht der Explosion zertrümmerte die Fensterscheiben im ersten Stock unseres Hauses. Die Scherben drangen in die Wände ein und hinterließen überall ihre Spuren.

Die Artilleriegeschütze in Matschara scheinen ununterbrochen zu feuern, und ebenso ununterbrochen wird zurückgeschossen … Gemeinsam mit Nachbarn, Freunden und Bekannten, die aus Suchumi vertrieben worden waren, haben wir in unserem Keller Schutz gesucht. Es müssen an die 20 Personen hier unten sein. Die Kellerwände des von meinem Vater errichteten Hauses sind knapp einen Meter stark. 70 Jahre alt war er, als er mit dem Bau des Hauses begann, und fünf Jahre hat es gedauert, bis er es fertiggestellt hatte. Es war wunderschön anzusehen, und da es innen genauso schön sein sollte, hatte er sogar den Holzfußboden mit Lack überzogen und uns stolz verkündet, dass wir von nun an in einem Palast leben würden. Am nächsten Morgen, das war der 26. November des Jahres 1990, schied er nach einer Herzattacke von uns. Drei Tage später, nachdem der Lack getrocknet und das Haus gelüftet war, nahmen wir alle im Wohnzimmer Abschied von unserem Vater, der nun die letzte Ruhe in einem Haus fand, für das er in den letzten fünf Jahren all seinen Schweiß vergossen hatte.

Mein Vater war mit ganzer Seele Offizier gewesen, und in den letzten Jahren seines Lebens hatte er immer wieder Vorlesungen über Staatssicherheit und Staatsschutz gehalten. Seine größte Sorge war stets das Szenario eines bewaffneten Konflikts zwischen den USA und der Sowjetunion, der später in einen Atomkrieg ausarten würde – er hielt dies beinahe für unabdingbar. In seiner allgegenwärtigen Angst vor dem Atomkrieg hatte er den Keller als einen Bunker konzipiert, wobei er an keinerlei Materialien sparte, weder an Zement noch an Stahlträgern. Auf meine Frage, wofür wir dort eine Lüftung bräuchten, antwortete er, dass dadurch frische Atemluft gewährleistet sei, selbst wenn das Haus über uns zusammenstürzen sollte und uns damit jegliche Fluchtmöglichkeit genommen sei. Alles das pflegte ich als Anekdote unter Freunden zu erzählen – hätte ich es damals nur besser gewusst ...

Trotz der zunehmenden Spannungen zwischen Georgiern und Abchasen hatte mein Vater bis zuletzt jede Menge Freunde unter den Letzteren, und ich bin mir sicher, dass er sich diesen Bürgerkrieg nie hätte vorstellen können. Um es noch einmal hervorzuheben: Angst hatte mein Vater nur vor einem Krieg zwischen den USA und der Sowjetunion.

Es ist also der 24. September, und es sind allerlei Menschen in unserem Keller versammelt: Männer und Frauen, Junge und in die Jahre Gekommene, und selbst ein Säugling hat sich hier herunter verirrt. Während er in der Wiege schaukelt, wird Suchumi gnadenlos bombardiert. Der Artilleriebeschuss nimmt kein Ende, und immer wieder heulen MIGs und Abfangjäger über unsere Köpfe hinweg. Die Alten erinnern sich an meinen Vater und sind ihm dankbar für den massiven Kellerbunker. Sie segnen ihn und versprechen, sein Grab zu besuchen, um dort Kerzen anzuzünden; später wollen sie ihm in Matschara sogar ein Festmahl widmen.

Ich habe ein übles Gefühl im Bauch, eine Art böse Vorahnung, und ich kann mich niemandem anvertrauen.

Meine Mutter holt ein Dreilitergefäß mit Isabela hervor, den letzten, den mein Vater eigenhändig gekeltert und abgefüllt hat, zwei Monate vor seinem Tod. Es ist genug, um jedem von uns ein Glas zu gönnen.

So nahm mein Vater an jenem Tag endgültig Abschied von uns, durch seinen eigenen Wein. Mich überkam das Gefühl, er wolle damit unseren Weg segnen und uns Kraft für die bevorstehende Reise geben. Wer weiß, wann ich das nächste Mal in der Lage sein werde, sein Grab zu besuchen, und wer weiß, wer nun in seinem Haus wohnt …

Geschlagene Truppen geben wirklich ein jämmerliches Bild ab. Die Soldaten marschieren mit gesenktem Kopf, mit verletztem Stolz und meiden jeden Augenkontakt. Einige verstecken sich sogar vor ihren Bekannten aus der Zivilbevölkerung.

Eine Unmenge an Bussen, Traktoren, Transportern und Schützenpanzern qualmt die Straße zu, über unserem Weg liegt ein schwarzer Nebel. Mühsam bewegen wir uns vorwärts, vorbei an abgestelltem Kriegsgerät aller Art. Die Soldaten um uns herum tragen Panzerfäuste, Granatwerfer und Bazookas. Im dichten Qualm zeichnen sich verschiedene Gebilde und Strukturen ab, die ich nicht identifizieren kann. Die Flüchtlinge um uns herum wundern sich, wie es möglich war, dass ein gar nicht einmal so schlecht ausgerüstetes Heer, das zugleich über ausreichend Fußvolk verfügte, seine Stellungen aufgeben musste.

Mein Vater war immer Berufssoldat gewesen. Er hatte 25 Jahre in der Armee gedient, aber erst jetzt wird mir klar, wie sehr ich Waffen hasse. Weder Kalaschnikows noch Makarow-Pistolen kann ich ausstehen. Gutes haben sie noch nie vollbracht, nur die unendliche Kette von Tod und Vergeltung vermögen sie zu nähren – davon bin ich überzeugt. Welche abnormen Neigungen muss jemand haben, der solche schrecklichen Geräte nach wunderschönen Blumen wie Vergissmeinnicht oder Edelweiß benennt oder ihnen klangvolle Frauennamen wie Nona verleiht. Sogar die widerlichste aller Splittergranaten: Nein, nicht „Limone", sondern „Limonka", „Zitrönchen", haben sie sie getauft. Warum nicht gleich „Überraschungsei"? Ich habe sie mit eigenen Augen gesehen, die Wunden, die Vergissmeinnicht, Edelweiß, Nona oder Limonka dem menschlichen Körper zufügen, bei Jung und Alt, Frau und Mann, und ich habe diese Waffen im Laufe dieses Krieges noch tausendmal mehr hassen gelernt, als ich es schon vorher tat, zumal sie immer öfter in die Hände von gewissenlosen Mördern fielen, die uns auf diese Weise verdeutlichten, wie weit wir uns bereits von dem Garten Eden unserer Zivilisation entfernt hatten. Welch armseliges Land, in dem eine Kugel mehr Gewicht hat als ein mit Liebe gesprochenes Wort! Und im Gegensatz zur Liebe ist Hass allgegenwärtig.

Der Motor des *Schilka*-Panzers vor uns hat den Geist aufgegeben, und die Kolonne ist stehen geblieben. Als ich aus dem Wagen steige, tritt ein Bekannter mit verstörtem Gesichtsausdruck an mich heran und berichtet mir mit zittriger Stimme, was er vor ungefähr zwei Stunden auf der Kelasuri-Brücke gesehen hat. „Eine Frau mit einer schweren Tasche war dabei, die Brücke zu überqueren, und murmelte irgendetwas vor sich hin. Als ich hingehe, um ihr meine Hilfe anzubieten, murmelt sie weiter und macht ihre Tasche auf. Sie zeigt mir die toten Überreste ihres Kindes, verstümmelt durch Granatsplitter und Schrapnelle …

In Mercheuli erspähe ich Nodar Natadse, den Leiter der Sicherheitskommission. Er ist zu Fuß unterwegs, in einer khakifarbenen Militäruniform. Wie man mir in Genzvischi erzählte, hatte er eine „physische Behandlung" erfahren – genauer gesagt,

23

er war wohl von Frauen geschlagen worden. Ich weiß nicht, ob das der Wahrheit entspricht, aber ich kann mich noch gut an die Zeiten vor dem Bürgerkrieg erinnern, als er mit den Frauen stets auf Kriegsfuß stand.

Er steht vor einer Gruppe Männer, die ihn zur Rede stellen. „Warum verlässt du deinen Posten in Suchumi? Bei deinen Fernsehauftritten hast du doch immer einen sehr aggressiven Ton gegen Russland angeschlagen! Warum läufst du jetzt weg? Das ist deine Chance, es den Russen zu zeigen! Warum habt ihr nicht gewartet, bis die Zivilbevölkerung evakuiert war, bevor ihr eure Stellungen aufgegeben habt? Seit wann lässt die Armee die Bevölkerung im Stich und rennt lieber um ihr eigenes Leben?"

Natadse ist der typische Sündenbock. Alles, was sie sich bei anderen Militärangehörigen nicht trauen würden, lassen sie an ihm aus. Wo auch immer er auftritt, ist er der einzige, der zur Rede gestellt wird.

Wir halten für eine halbe Stunde in Zebelda und warten auf Freunde, die ebenfalls mit dem Auto unterwegs sind. Aus dem *Shiguli*, der vor uns steht, steigt ein Polizeibeamter aus, den ich gut kenne. An seiner Schulter nehme ich eine frische, noch blutende Wunde wahr. Er erzählt mir: „Ein paar uniformierte Bengel haben mich an einer Straßensperre in Mercheuli um meinen Revolver erleichtert: ‚Du verlässt die Front? Also her mit deiner Waffe!' Vor Wut habe ich beinahe das Lenkrad herausgerissen. Als ob ich nicht wüsste, dass diese Bastarde die konfiszierten Waffen doch nur verkaufen wollen!"

Auf unserem Weg nach oben passieren wir mehrere Tunnel. Rechts von uns strömt lautstark der Kodori.

„Hinter dieser Schlucht liegt Tkwartscheli", sagt mein Bruder Gia zu mir.

Die Autokolonne verlässt zügig den Tunnelabschnitt. Bald wird es dunkel. Hier und da geht die asphaltierte Straße in einen Schotterweg über. Wir nähern uns Adschara.

Plötzlich versperrt uns ein *Moskvitsch* den Weg, zwei junge Uniformierte steigen aus.

„Raus aus dem Wagen!", schreit mich der eine an und zielt mit dem Sturmgewehr auf mich. „Wenn ich auch nur eine einzige Patrone in deinem Wagen finde, schieß' ich dir ein Loch in deinen verdammten Schädel! Wir müssen hier Stellung halten, und du schmuggelst Waffen und Munition raus, oder vielleicht nicht?" Gleichzeitig inspiziert er den Wagen mit Adleraugen.

Ich steige nicht aus, sondern versuche ihm zu erklären, dass ich keine Waffen mit mir führe. Lediglich das Jagdgewehr meines Vaters habe ich als Erinnerungsstück bei mir.

„Gib das Gewehr her! Her damit! Wozu brauchst du denn noch ein Gewehr, gib es her! ...", schreit er mich an.

Endlich holt uns die Autokolonne ein. Die Scheinwerfer erleuchten den ganzen Straßenabschnitt, und es ist ein ununterbrochenes Hupkonzert zu hören.

„Schon gut, fahr weiter! Mach schon, fahr weiter ...!" Irgendetwas vor sich hinmurmelnd senkt er das Sturmgewehr und rennt zu seinem *Moskvitsch*.

Später habe ich den Soldaten noch einmal in Sakeni gesehen, wo er mit einigen Neuwagenbesitzern verhandelte: „Ich fahre euch mit meinem *Ural* über den Pass, eure Autos lasst ihr mir da."

Irgendwo im Herzen von Adschara werden wir von einer weiteren Straßensperre angehalten, und unser Wagen wird durchsucht – wieder wollen sie wissen, ob nicht einer von uns Waffen mit sich führt. Ein junger Soldat nähert sich mit bedrückter Miene.

„Ich habe nur das Jagdgewehr meines Vaters bei mir ...", sage ich ihm.

„In Ordnung, lasst den Kofferraum in Ruhe", sagt er seinen Kollegen. „Was ist denn nun eigentlich passiert? Wie ist Suchumi gefallen?", will er wissen.

Ich wundere mich über den höflichen Ton, inzwischen bin ich eher Rauothers gewohnt ...

Wir fahren weiter.

Nur wenige Minuten später stehen wir vor der nächsten Stra-ßensperre, es sind Schüsse zu hören.

Omar Andschaparidse wird aus seinem Wagen gezerrt.

Wir verbringen die Nacht in Adschara, im Hof der Gudsched-schianis.

Omar steht im Morgenmantel da, vor Kälte zitternd, das Er-lebte ist ihm noch deutlich anzusehen. „Selbst unsere Kleidung haben sie mitgenommen", sagt er. Sein Auto haben wir trotz lan-ger Suche nicht mehr gefunden.

Ein Nachbar der Gudschedschianis hat Puten und Hühner ge-schlachtet, in einem großen Saal einen riesigen Tisch angerichtet und alle zum Essen eingeladen. Die Flüchtlinge stehen Schlange und nehmen ihr Abendmahl zu sich.

Wir verbringen die Nacht im Auto.

Am nächsten Tag erreichen wir Sakeni –– die letzte mensch-liche Ansiedlung im „Abchasischen Swanetien". Ich schaue auf die Kilometeranzeige und stelle fest, dass es von Matschara bis Sakeni genau 100 Kilometer sind, nicht mehr und nicht weniger.

Hier beginnt der Pass, dessen Namen mir niemand zu sagen vermag. Nur BMPs, Traktoren, Raupen, Panzer, der *Ural* und allenfalls der *Lada Niva* sind in der Lage, den Berg zu bewälti-gen. Eine normale Limousine schafft es ohne Hilfe eines Zugfahr-zeugs nicht hinüber. Zudem hat es bereits angefangen zu regnen, und die ohnehin kaum befahrbaren Schotterwege sind durch das viele schwere Gerät, das bereits über den Berg geschafft wurde, in einem katastrophalen Zustand.

Bis Tschuberi sind es 50 Kilometer, manche behaupten sogar, 65.

In Sakeni sind Zehntausende von Flüchtlingen mit Tausenden von Autos eingetroffen, und sie beraten darüber, wie es weiter-gehen soll. Einige lassen ihr Hab und Gut bei Bekannten, ande-re bei Fremden, und alle setzen ihren Weg mit leichtem Gepäck fort. Einige lassen ihren Wagen in die Schlucht hinabstürzen, frei nach dem Motto: „Von nun an bist du nicht mehr meins, und du sollst auch keinem anderen gehören!" Der Strom von Flüchtlingen reißt nicht ab.

Während wir noch in Sakeni sind, treffen einige Schützenpanzer ein. Sie kommen von Tschuberi über den Bergkamm. Mit ihren riesigen Rädern nähern sie sich in dem aufgeweichten Matsch beinahe lautlos. Anfänglich bemerken wir sie nicht einmal.

Wenige Schritte entfernt sehe ich Seikidse, den Chef der georgischen Polizei, im Kreise seiner Kollegen. Seinen verwundeten Arm trägt er in einer Schlinge, die um den Nacken gebunden ist.

Es ist der 28. oder der 29. September, als Radio Moskau die Hinrichtung von Shiuli Schartawa verkündet. Die Flüchtlinge diskutieren, wo und vor allem wie Shiuli Schartawa dem Feind in die Hände gefallen sein mag, wer mit ihm gemeinsam hingerichtet wurde und so weiter und so fort. Unterhaltungen, die mit gesenkter Stimme geführt werden, sind eine Brutstätte für Spekulationen und Mutmaßungen, und als Wahrheiten getarnt verbreiten sie sich in Windeseile.

Als ich in den Bergen war, hatte ich einige seltsame Träume, die ich als eine Art Vorahnung verstand („Mir ist ein Traum zugestoßen", pflegte ein Verwandter in meiner Kindheit zu sagen). Sie sind tatsächlich eingetreten, einige dieser unwirklichen, schrecklichen Träume, so unterschiedlich sie auch waren. Ein geheimnisvolles Wesen wies mir grob den Weg, den ich in den nächsten Tagen zurücklegen würde, und flüsterte mir einiges, was just in diesen Tagen passieren würde, ins Ohr. Genau jenes Wesen hat mich, als ob ich seinem Befehl unterstünde, am 1. Oktober um vier Uhr morgens geweckt: Ich solle den Pass zu Fuß überqueren.

Die Swanen warnen uns: „Der Schneefall wird zwischen dem 10. und 15. Oktober beginnen, und dann wird der Bergkamm unpassierbar." Wir beeilen uns also. Die wenigen Hubschrauber, die im Einsatz sind, können nur einige Säuglinge mitsamt ihren Müttern hinüberbringen.

Ich verabschiede mich von Gia und Gela am Morgen des 29. September und übergebe ihnen jeweils eine Tasche: „Nehmt das mit. Mutter und ich warten auf den Hubschrauber." In Wirklichkeit habe ich mich bereits entschieden, meine Mutter bei Bekannten zu lassen, die auf einen Platz im Hubschrauber hoffen. Ich selbst werde den Pass am nächsten Morgen gemeinsam mit Freunden zu Fuß in Angriff nehmen.

Ich will nicht gemeinsam mit meinen Brüdern gehen, weil ich mich um mein verletztes Knie sorge. Sollte ich auf dem Weg Schwierigkeiten haben, würden sie nicht von meiner Seite weichen, und wer weiß, wie das Ganze dann enden würde …

„Wir werden nach Sugdidi fahren", sagt Gela zu mir, „von dort aus werden wir einen Transporter für euch organisieren, ich habe Freunde und Bekannte dort …"

Ich weiß, dass das nicht gelingen wird, stimme ihm aber gleichwohl mit nachdenklicher Miene zu: „Ich drücke euch die Daumen, Jungs. Haltet nirgendwo auf dem Pass an und ruht euch nicht aus, bis ihr in Tschuberi angekommen seid!"

Obwohl ich im Wagen auch ansehnlichere Taschen habe, verstaue ich meine zehn Kilogramm Gepäck, größtenteils Kleidung, in einen Sack aus Polyethylen, ganz so, wie es die anderen Flüchtlinge auch tun. Ich möchte zum jetzigen Zeitpunkt nicht aus der Menge hervortreten. Ein Stück Seil, das einmal als Wäscheleine diente, flechte ich um die Tasche herum, und fertig ist mein Superrucksack! Es ist genau der Polyethylensack mit einem grünen Pfau darauf, der im Weltkrieg von den USA benutzt wurde, um uns mit Mehl zu versorgen. Inzwischen sieht der Pfau auf dem Sack eher unbeholfen und geradezu lächerlich aus. Und dennoch: Der grüne Pfau wacht nun über mein ganzes Hab und Gut. Ich nehme Abschied von meinen farbigen Morgenmänteln und den schönen *Ab-Sojuz*-Schuhen aus der Ukraine, Symbolen der

Hochherzigkeit leitender Verkäuferinnen mir gegenüber. Ich verabschiede mich von meinem noch recht robusten Mantel und meinen Tauchermasken, und auch von euch verabschiede ich mich, meine edlen englisch-tschechischen Krawatten und mein französisches Kaffeebesteck, das in seiner Pracht und Schönheit an eine wunderschöne, eitle junge Frau erinnert … Ihr seid jetzt vollkommen überflüssig, und ich lasse euch im Auto, Wegelagerern, Plünderern und Dieben ausgeliefert. Nur diese kleine Puppe, Salomes ständigen Begleiter, nehme ich mit, und dieses Parfüm auch, und dieses … Gier, oh Gier, du unersättlicher Dämon des Menschen!

Inzwischen ist mein Rucksack ungefähr 15 Kilo schwer, doch bald sieht er wieder so aus wie zuvor. Zum Aufbruch bereit sind meine über die Jahre erprobte Jacke, mein Wollschal, mein Gehstock und meine Mütze, die ich allerdings einige Stunden später verlieren und nie wiederfinden sollte.

Es ist sechs Uhr morgens. Meine Mutter und ich frühstücken gemeinsam mit Guram Kakulia, der wie durch Magie einen leckeren Laib Brot auf dem Lagerfeuer gebacken hat (ganz ähnlich wie bei Robinson Crusoe). Dazu gibt es Fleisch aus der Dose und indischen Tee, den er uns in ein goldfarbenes Gefäß einschenkt, passend zu dem im selben Gold schimmernden Honig. „Ich wundere mich," sage ich zu Rusiko Andscharparidse, „wie du es in diesem Durcheinander noch geschafft hast, an Honig zu denken!" Während des Frühstücks sind wir voll des Lobes, was den Honig angeht: „Oh, was für ein Aroma!" – ganz so wie Dodo Abaschidse in einem ihrer Filme, wo sie ein Gewehr preist: „Was für eine Kanone, was für eine Kanone!" „Wenn du in den Bergen gut unterwegs sein willst, dann musst du viel Honig essen. Chergiani hat es auch so gemacht!" Wir sitzen also da, gemeinsam frühstückend, und machen uns gegenseitig Mut und Hoffnung. Ich muss erwähnen, dass an dieser Stelle noch keiner von uns befürchtete, nie wieder nach Suchumi zurückkehren zu können …

Bevor wir uns auf den Weg machen, entschuldige ich mich kurz und begebe mich noch einmal an das Steuer meines Autos, um Abschied zu nehmen von meinem ‚Tiger‘. „Ich glaube nicht, dass dies unsere letzte gemeinsame Reise war, mein treuer Freund. Ich danke dir für alles, vor allem aber für die letzten Jahre, denn du hast mir die Schönheit von Suchumi, Gagra und ganz Dunia gezeigt. Ich habe diese Orte durch dich lieben gelernt. Niemand weiß, wie wichtig du mir bist und wie sehr ich dir verbunden bin! Du bist ein wunderbarer Freund für mich und kennst alle meine Geheimnisse. Das Leben im Dorf vermochte uns nur selten in die Knie zu zwingen, und selbst dann sind wir unbeugsam ausgebrochen, weit weggefahren und einige Stunden später mit klarem Kopf wieder zurückgekehrt. Gemeinsam haben wir das Haus gebaut und anderen geholfen. Verzeih mir, denn nun lasse ich dich hier zurück. Du kannst den Pass nicht bewältigen. Ja, wenn du ein *Niva* wärst... du aber bist ein ‚Tiger‘. Bleib einstweilen hier, im Hof der Zalanis ... Was auch immer passieren und wie viel Zeit auch immer vergehen mag, ich werde dich wiederfinden, denn wir haben noch viel gemeinsam vor uns. Ich sage nicht ‚Lebe wohl‘, mein Freund, nein. Ich verabschiede mich nur vorübergehend!“

Ich streichle mit der Hand über den ‚Tiger‘ und schicke in Gedanken tausendfach Dank, Lob und Segen an die Schöpfer dieses Gefährts, die Autofabrik von Gorki. Aus irgendeinem Grund kommt mir der Film „Ein Sommer in Sakeni“ in Erinnerung.

„Beeil dich“, mahnen mich meine Freunde. „Die erste Etappe steht an.“

An dieser Stelle muss ich erwähnen, dass ausgerechnet in der Zeit meines Lebens, in der ich das Schlimmste durchmachte, wortlose Monologe, Dialoge mit mir selbst, Ironie und die Neigung zu Scherzen meine stetigen Begleiter waren.

Die ganze Nacht über regnete es fürchterlich. Es donnerte, und die Blitze erhellten immer wieder für kurze Augenblicke die vom Regen durchnässten und schwerfälligen Nadelbäume. Wir

verbrachten die Nacht in einem notdürftig mit einer Plane über-
zogenen *Willis*-Jeep, doch schlafen konnte keiner von uns. Die
Plane war undicht, und als wir am nächsten Morgen völlig durch-
nässt aus dem Jeep gekrochen kamen, war der Regen immer noch
da – er wollte uns einfach nicht vergessen. Hatte ich ihn in der
Vergangenheit stets mit Romantik und Zärtlichkeit assoziiert, so
hatte er sich jetzt in eine wütende Furie verwandelt.

Der Fuß des Passes ist mit Autos übersät, die gesamte Palet-
te der sowjetischen Automobilbaukunst ist vertreten: SIL, MAS,
Ural, GAS, natürlich auch *Niva* und *Willis*; viel zu viele, um sie zu
zählen. Sie alle warten geduldig in der Schlange, bis sie an der Rei-
he sind, wenn auch ohne jegliche Hoffnung: Es regnet ununterbrochen weiter, und die Wege sind aufgeweicht. Dem matschigen
Schlamm ist der Mensch lediglich zu Fuß gewachsen.

Die Tragflächen der Lastwagen sind mit Plastikplanen bedeckt,
darüber liegen Äste und Zweige, die von den ringsum stehenden
Nadelbäumen heruntergerissen wurden. Allenthalben hört man
weinende Kinder. Im Wald brennen zahlreiche Lagerfeuer, die
Menschen sitzen um sie herum, wärmen sich daran auf und bereiten sich Essen zu. Eine hübsch aussehende Frau bringt mit lie-
bevollem Gesichtsausdruck frisch gebackene Brötchen in einem
Korb zum Auto, andere bereiten Teig zu, und wiederum andere
sind mit Kartoffelschälen beschäftigt. Einige der Familien scheinen sich gut vorbereitet zu haben, bevor Suchumi gefallen ist.

Ich sehe sogar einen Ochsenkarren – unter der Plane, mit der
er überdeckt ist, erhasche ich die angstvollen und starren Blicke
kleiner Kinder: Das Nomadenlager ist perfekt ...

Um mich herum eine Menge bekannter Gesichter. Dort er-
blicke ich Ramin Ninua mitsamt seiner Sippe. Ich gehe hinüber,
begrüße seine verstört dreinblickenden Töchter und streichele ihnen ermunternd über den Kopf: „Ihr müsst jetzt tapfer sein und
zusammenhalten!"

„Seit vier Tagen warten wir schon auf einen Traktor, damit er meinen *MAS* über den Pass zieht, doch das ist ja alles hoffnungslos überfüllt hier. Wenn ich meinen Laster nicht hinüberkriege, wie soll ich denn dann meine Familie ernähren?"

Wir setzen unseren Weg fort, tun uns dabei aber schwer zwischen den eng geparkten, unbeweglichen Autos.

Einige Male fliegt ein Hubschrauber über unsere Köpfe hinweg, und die Leute brechen in Panik aus: „Ein Späher der Abchasen, das ist ihre Vorhut!" Sie rennen Schutz suchend in den Wald, und die anwesenden Soldaten nehmen den Hubschrauber sofort mit Granatwerfern und schwerem Geschütz ins Visier. Und dann ist es doch der Hubschrauber, der die Flüchtlinge von Sakeni nach Tschuberi bringt. Jetzt, Anfang Oktober, sind nur einer oder zwei von ihnen im Einsatz, gleich am 1. oder 2. Oktober ist ein voll besetzter Hubschrauber am Berg zerschellt. Alle Insassen, auch die Piloten, waren tot.

Ein älterer Mann mit einer spitz zulaufenden Mütze verweilt am Wegesrand, ruht sich aus und schaut mit ironischem Blick zu den Soldaten hinüber. Laut sagt er: „Schau sie dir an … Nicht einmal Schaufeln haben sie bei sich, um Schützengräben auszuheben. Zu fein sind sie sich dafür, und so wollen sie den Krieg gewinnen?"

„Wo warst du denn, als der Krieg ausbrach, und warum hast du nicht mitgekämpft, Alter?", bellt ein breitschultriger Offizier zurück.

„Vielleicht hätte ich ja besser an deiner Stelle kämpfen sollen!"

„Halt deinen Mund, sonst …"

Die Soldaten haben große Mühe, den rasenden Offizier im Zaum zu halten.

„Ich habe keine Angst vor dir, Mann! Meine Zunge ist das einzige, was mir noch geblieben ist, mehr habe ich nicht", sagt der alte Mann mit bitterem Lächeln.

Es regnet immer noch, und wir versinken im Matsch. Zudem sind meine dünnen Schuhe sehr rutschig. „Ein Schritt vor und zwei zurück, ganz wie einst bei Lenin," denke ich – ich, der *Ural* unter den Bergsteigern, der Stolz aller Truppenführer! Auf zum Pass!

Es beginnt der steilste Teil des Aufstiegs.

Alpinismus in dieser Schuhbekleidung ist der reinste Wahnsinn, doch habe ich eine Wahl? Erst viel später, als ich bereits vollkommen erschöpft bin, komme ich auf die Idee, meine Schuhe mit elastischen Binden zu umwickeln, um ihrem unerwarteten Verrat entgegenzuwirken.

Der Boden ist eine Rutschbahn!

Ich verstehe nicht, wie die Einheimischen hier die Entfernungen messen. Einige wollten uns ermuntern, indem sie für eine Strecke von einem Kilometer gleich fünf oder sechs rechneten. Ganz am Anfang wurde uns versprochen, es seien nur drei bis vier Kilometer steil bergauf, dann würde es viel einfacher werden. Ein Schäfer wiederum warnt uns, dass wir noch sieben Kilometer vor uns haben. Manchmal heißt es, dass es nur noch zwei Stunden seien bis zum Zwischenlager, und dann wieder, dass noch acht Stunden blieben, und so weiter und so fort ...

Ein Nebelschleier scheint sich über unsere bereits wirren Köpfe zu legen, und das Gefühl für Raum und Zeit schwindet dahin.

„In den Bergen darfst du dich nicht zu sehr verausgaben, du musst deinen Rhythmus halten", hatte mich am Vortag ein Jäger aus Suchumi belehrt, und so folge ich ruhigen Schrittes der mir vorausgehenden Menge entlang des tosenden Flusses. Der durch Zehntausende Paare von Füßen aufgeweichte, klebrige Matsch tropft, für das Auge kaum wahrnehmbar, den Berg hinab.

Ungefähr zwei Kilometer weiter ist ein Frauenschrei zu hören, und die Flüchtlinge erschauern. Ein etwa 30 Jahre alter Mann, der bereits einen Herzinfarkt hinter sich hatte, ist zusammengebrochen. Man beerdigt den Armen an Ort und Stelle.

„Gestern hat eine schwangere Frau eine Totgeburt erlitten, auch sie ist hier gestorben. Und gestern haben sie eine ältere Frau im Wald begraben, ganz in der Nähe."

Hier ist jeder mit jedem befreundet, und die Leute halten brüderlich zusammen. Wenn du ein Stück Brot in die Hand nimmst, dann bietest du es deinem Nächsten an, denn wenn du es nicht tust, wird es dir der Berg nicht verzeihen. Unter den Flüchtlingen gilt habgieriges Verhalten als schwere Sünde. Dennoch sind unter uns auch einige, die nur an sich denken und ihrem verlorenen Hab und Gut nachweinen. Sie sind Zeugen des Elends, in dem wir uns befinden, und weinen trotzdem dem Materiellen nach. Sie denken ausschließlich an sich, und weder der Krieg noch der Pass vermögen ihnen diese dämonische Seite zu nehmen, geschweige denn sie zu verändern. Diese Sorte Abschaum ist unter den Flüchtlingen leicht auszumachen.

Der Berg ist ganz wie die große Liebe: Die Gutherzigen macht er noch liebenswerter, die Bösartigen noch widerlicher. Er mehrt den Geiz der Geizigen, die Gier der Habgierigen, die Feigheit der Angsthasen und die Naivität der Einfältigen …

Ähnlich wie der Krieg entlarvt der Berg jeden einzelnen in seiner wahren Natur.

Ganz wie in der Kirche, im Angesicht Gottes, überqueren diejenigen, die an das Gute im Menschen glauben, den Berg mit reinem Gewissen, und genau dieser Glaube und die Liebe, mit der die Herzen dieser Menschen erfüllt sind, macht es ihnen leicht, ihn zu überwinden.

Während es weiter hinaufgeht, denke ich, dass der Herrgott genau diesen Weg für mich bestimmt hat, keinen anderen. Ich sollte meine Heimatstadt nicht auf komfortablem Wege in einem Schiff oder in einem Flugzeug verlassen. Es war mir bestimmt, genau diesen Berg überwinden zu müssen, er ist mein Schicksal, mein Wohl und mein Verderben, meine Verzweiflung und meine Hoffnung.

Jetzt, am Anfang unseres Weges, überwiegen starker Zusammenhalt und liebevolles Miteinander.

Ich bin noch nie auf solchen Wegen gewandert ... Ungeachtet des kollektiven Elends spüre ich, wie sich ein fremdartiges Glücksempfinden in meinem Körper breitmacht ... Ich sehe mit eigenen Augen, dass unter uns viel mehr Liebe und Einklang herrscht als Hass und Bösartigkeit, und das spüren auch die anderen – zumindest die meisten von ihnen. Bevor der Krieg ausbrach, waren vermutlich nur wenige unter uns glücklich und zufrieden, doch für die meisten bedarf es wohl solch einer Katastrophe, damit ihnen die Augen geöffnet werden. Ich habe damals alles das als ein Zeichen unseres Herrn aufgefasst, und nun glaube ich von ganzem Herzen, dass das einzige, was unser Vaterland vor dem Untergang bewahren kann, die Macht der Liebe ist, weises Handeln und Gutherzigkeit – Mächte, die weit älter sind als jede von Menschen erfundene Waffe.

„In den Bergen musst du deinem eigenen Körper lauschen, denn der Berg kann sinnloses Gerede nicht leiden und wird dich auslaugen", bedeutet mir ein ergrauter alter Mann mit vertrauenswürdigem Gesicht. „Und du darfst auch nicht zu viel essen, denn mit vollem Magen taugt weder der Gaul noch der Mensch etwas."

Ich fange an, auf meinen Körper zu hören. Man könnte sagen, dass ich mich Stück für Stück an meine eigenen Organe wende und mich bedanke: „Ich danke dir, mein Herz, dass du vorerst so fleißig durchgehalten hast – du bist nicht aus der Ruhe zu bringen und arbeitest wie ein Uhrwerk, ganz wie der Motor meines ‚Tigers'. Meine Leber und meine Nieren, ich möchte kein falsches Gejammer von euch hören, wenngleich ich zugeben muss, dass ich euch in letzter Zeit mit Wodka und Wein ordentlich zugesetzt habe. Und ihr, meine Lungen, habt Erbarmen und Verständnis mit mir, dass ich euch mit *Astra*-Zigaretten vollqualme. Verzeiht mir und seid gütig mit mir! Sei tapfer, mein geschundenes Nervenkostüm, denn gerade jetzt brauche ich dich wie einen Bruder an meiner Seite! Auch dir gegenüber bin ich schuldig geworden – erbarmungslos habe ich dich durch die Ereignisse des Krieges strapaziert. Vielleicht hätte ich dir zuliebe Suchumi früher in Richtung einer dieser durch ein Meer von Lichtern erhellten russischen Städte verlassen sollen, vielleicht sogar in ein anderes Land? Dann hätte ich dort ein Geschäft angefangen und eine Menge schmutziges Geld gemacht, mir einen cremefarbenen Mercedes gekauft, mich in einen nachtschwarzen Smoking gehüllt, mich in Begleitung einer dieser übertrieben nett lächelnden Frauen in ein Restaurant gesetzt und mir anschließend Gedanken über die wunderschönen Berglandschaften in meinem Heimatland gemacht und darüber, wie die Zeit verstreicht. Wer hätte, zum Teufel noch einmal, gedacht, dass ich dich in solch eine Lage versetzen würde? Verzeiht mir, verzeiht mir, meine lieben Nerven, und steht mir standhaft zur Seite! Und wie geht es dir, du meine Achillesferse – mein linkes Knie? Geschwächt und geschunden durch den Weg, den wir gemeinsam gegangen sind. Verletzt am Meniskus durch das viele Fußballspielen und angeschlagen durch Schrapnellsplitter bei der Bombardierung im Juli. Lass mich nicht im Stich, sei tapfer und halte durch! Es ist nun drei Monate her, dass ich dir zuliebe einen Gehstock in die Hand genommen habe. Vergiss diese Geste nicht! Außerdem haben alle möglichen Radiosender der Welt Wetten abgeschlossen, ob du es über den Berg schaffst oder daran scheiterst. Ich will dir nichts vormachen – der Großteil behauptet, dass du nicht durchhalten wirst! Hörst du, was die sich erlauben? Enttäusch mich nicht, bleibe standhaft und tapfer! Rodiko Meischwili hat dich nicht umsonst mit *Askurava*-Tropfen behandelt. Die ganze Mühe und Pflege soll nicht umsonst gewesen sein! Was ist los? Du bist noch nicht wieder gesund? Macht nichts, mein Bruder, denn die Zeit spielt auch eine wichtige Rolle – so wie bei allen Dingen. Du weißt, was zu tun ist. Marschier, marschier nach vorne in eine hell erleuchtete Zukunft! Schnellen, aber kontrollierten Schrittes! *Festina lente!*"

Ganz wie ein Vorzeigeschüler beruhigt sich mein Knie bei seiner ersten Erwähnung, und ich steige weiter in ruhigem Tempo den Berg hinauf. Bergauf ist es für uns beide viel leichter als bergab. „Mein liebes Knie, wir sind anders als die anderen: fremdartig, seltsam und exotisch."

Einige Anstiege später ruhe ich mich auf einem abgesägten Baumstumpf aus und beobachte das Meer von Gesichtern, die an mir vorbeirauschen. Der Flüchtlingsstrom quält sich schwerfällig auf dem engen Weg den Berg hinauf.

Es ist ein Uhr mittags. Ich bin müde.

Der Regen hat aufgehört, lediglich ein leichtes Nieseln ist übrig geblieben. Die Sicht beträgt keine 20 Meter – als ob alles vom Nebel verschlungen worden sei.

Ich sitze also da, auf dem Baumstumpf, schweren Herzens in Gedanken versunken wie ein untalentierter Künstler, und beobachte, wie die vielen verschiedenen Gesichter an mir vorbeischweben, dem Blätterfall im Herbst gleich.

Die Menschen schreiten schweigend voran, nur das bitterliche Weinen der Kinder und die schweren Schritte im Matsch sind zu hören.

Da ist eine junge, kräftige Frau, die ihre Schuhe weggeworfen und ihre angeschwollenen Füße in Zellophan eingewickelt hat. Auch ein Bauer im mittleren Alter ist barfuß unterwegs; auf meine Frage, ob ihm nicht kalt sei, lächelt er mir als Antwort freundlich entgegen. Ich sehe ein kleines Mädchen, das auf den Schultern seines Vaters sitzt. Seine beiden Füße sind eingewickelt: der eine mit einem Schal und der andere mit einem Kopftuch. Es muss sich wohl unterwegs verletzt haben. Neben mir setzt sich ein junger Vater nieder, der sein Kind in eine leichte Decke gewickelt hat und es auf den Armen trägt. Ihm folgt seine Frau mit gequältem Gesichtsausdruck.

Eine andere Frau in meinem Alter, die einen Koffer mit sich schleppt, fragt zum tausendsten Mal mit weit aufgerissenen Augen, ob wir den Berg bald überquert haben werden und ob wir bald in Tschuberi ankommen.

„Du musst deine Medizin zu dir nehmen, Lali, so nimm sie doch!", fleht eine Frau ihre 16 bis 17 Jahre alte Tochter an, die sich auf einem Erdhügel niedergelassen hat, das Gesicht in den Händen vergraben, und vor sich hin weint.

Da sehe ich einen glatt rasierten Soldaten, dem ein Bein fehlt und der doch ohne Probleme den Berg hinaufzuwandern scheint. Neben ihm läuft sein Vater, der auf ihn einredet. Wahrscheinlich sagt er ihm, dass er es etwas langsamer angehen lassen soll. Das Auftauchen des Einbeinigen scheint die Flüchtlinge aus der Lethargie zu reißen, und sie machen einander darauf aufmerksam, wie tapfer er sich durchbeißt, indem sie ihn nachahmen. An der Seite seiner Frau sehe ich Wachtang Pruidse, der Rektor des Instituts zur Erforschung der Subtropen. Er ist ruhigen Schrittes unterwegs und eilt nicht. Und da sehe ich Tite Mosia, Karlo Isoria, Rewas Surmawa, Lia Mikadse …

Da kommt auch Geno Kalandia, der jetzt einen weißen Bart trägt – ich habe ihn kaum erkannt.

Unterwergs höre ich noch, dass jemand Dschano Dschanelidse in einem Lastwagen gesehen habe.

Der Flüchtlingsstrom nimmt kein Ende: Kinder, Ältere, Frauen und Männer, Professoren, Minister und ranghohe Beamte, hart und ehrlich arbeitende Menschen, Bauern und Fischer, Lastwagenfahrer und Kriminelle, Angehörige verschiedener politischer Parteien und Vertreter öffentlicher Institutionen. Unter ihnen sind ehrliche und freundliche genauso wie morallose und bösartige Menschen, Menschen, die beim gegenseitigen Anblick ein strahlendes Gesicht aufsetzen, und wiederum solche, die einander hassen wie die Pest. Ich sehe echte Kämpfer, Marodeure und ranghohe Offiziere, deren blutbefleckte Seele bis auf das letzte Stück durch Korruption und Gier zerfressen ist. Nebeneinander her schreiten der Tagelöhner, der Sonnenblumenkerne verkauft, und der zum Proletarier degradierte, vom Luxus verwöhnte Millionär. Prostituierte und Günstlinge sind auch unter uns. Wie sollte es auch anders sein, denn ohne sie gibt es keinen Frieden und keinen Krieg und keine Vertreibung … Auch geistliche Würdenträger schreiten mit uns voran. Von Weitem erkenne ich den sympathischen Priester Anton, der, hoffentlich nimmt er mir das nicht übel, einem doch vielleicht allzu exzentrischen Lebensstil zugeneigt ist … Und da sind die schönsten der schönen Frauen aus Suchumi. Zart, elegant und doch voller Souveränität und Stolz. Aber auch ihnen sind die Strapazen anzumerken, ihre Gesichter sind bleich und ihre Beine müde. Nichtsdestotrotz glaube ich nach wie vor, dass es auf der ganzen Welt keine schöneren Frauen gibt als in Suchumi. Auf diesem Berg sehen sie besonders atemberaubend aus … Ich sehe sie an und erinnere mich an die warmen Tage am Strand von Suchumi, wo ich sie herumflanieren sah: geheimnisvoll, eigenwillig und angenehm zwitschernd wie wunderschöner Vogelgesang. Lieber Gott, wo sind diese wunderschönen Tage? Sind sie für immer fort, ohne Wiederkehr …?

Sie alle nehmen teil an dieser traurigen Parade, sich qualvoll dahinschleppend – Leute aus der Stadt Suchumi, aus dem Landkreis und aus dem Kreis Gulripshi. Es kommen mehr und mehr … Sie alle blicken mit gesenktem Kopf zur Erde herab, zur Mutter Erde, dem einzigen Boden, dem einzigen Herrn dieser Parade. Sie alle haben über das letzte Jahr hin am eigenen Leib die Wirkung der schrecklichen Waffen erfahren, die im Afghanistankrieg eingesetzt wurden. Es kommt noch hinzu, dass es in Afghanistan kein Meer und somit auch keine Kriegsschiffe gab, die die Städte und Dörfer von außen bombardierten. Manchmal habe ich den Eindruck, dass mir all diese Gesichter bekannt vorkommen, als ob ich sie schon einmal gesehen hätte, und manchmal ist es genau umgekehrt: Bekannte Gesichter kommen mir vollkommen fremd vor. Einige Male sehe ich klar und deutlich die Gesichter derjenigen vor mir, die diesem schrecklichen Krieg bereits zum Opfer gefallen sind: das eines Studienkollegen, der während der Bombardierung von Abshakwa mit seinem Kind ums Leben kam, das Gesicht von Guli Tschaladse und das meines Onkels, der im Sommer von Freischärlern zu Tode gefoltert wurde ... Es sind so viele Gesichter ... Tausende und Zehntausende ...

Sie alle steigen ununterbrochen den Berg hinauf, aber kein Moses und kein Hirte leitet sie. Sie stehen nicht unter dem Schutz eines Heiligen, und ihren Glauben haben sie auch verloren ... Sie wissen nicht einmal, wohin ihr Weg sie führt. Für diese Vertriebenen ist keine Regierung mehr zuständig, und sie unterliegen auch nicht den üblichen Vorgaben des Alltags: weder den Stunden auf dem Zifferblatt noch der Zeit, in der wir leben. Sie alle sind aus ihrem Garten Eden vertrieben worden und wandern nun ziellos in ihrer eigenen trauernden Gedankenwelt umher wie in einem vernebelten Labyrinth. Sie alle steigen ununterbrochen den Berg hinauf ... und, es fällt mir schwer zu sagen, auch unseren Schöpfer scheinen sie vergessen zu haben, denn ich kann mich nicht entsinnen, dass ein einziger von ihnen auch nur einmal unseren Herrn erwähnt hätte. Diesen Menschen vermag kein Segen zu helfen und kein heiliges Wasser den Durst zu löschen.

Schritt für Schritt schreitet die Menge den Berg hinauf, qualvoll bedrückt wie unter der Last des Kreuzes. Sie alle steigen ununterbrochen aufwärts ... Ab und zu heben sie ihre gesenkten Köpfe und schauen mit fragendem Blick umher, ob sie die einzigen sind, die dazu verdammt sind, diesen Weg zu gehen, ob keiner sie zu führen vermag. „Kann es denn sein, dass wir vollkommen allein sind?" Genauso schauen Kinder aus dem Zugfenster, um in der Kurve einen Blick auf die Fahrerkabine zu erhaschen. Ja, dieser Berg gleicht einer Zugstrecke, auf der die Menge wie in einem herren- und führerlosen Waggon kreischend dahinrast. Ich habe noch nie so viele traurige Gesichter gesehen, und ich bete zu Gott, dass ich das niemals wieder erleben muss!

Ich stehe auf und setze meinen Weg fort, denn ich bin des Betrachtens müde. Die vielen übernächtigten, traurigen Augen versetzen mich in Angst. Während ich vorwärtsschreite sehe ich lediglich ihre Rücken, und das ist viel leichter zu ertragen.

Den ganzen Weg über hatte ich das Gefühl, als ob uns ein höheres Wesen bestrafen und zugleich vor dem Schlimmsten bewahren würde. Gleichzeitig beobachtet es uns geduldig, um zu sehen, wie viel wir wohl noch ertragen werden.

Warum flüchten wir, Klein und Groß, über diesen Berg? Flüchten wir vor todbringenden, von Rachegelüsten und Blutdurst getriebenen Mördern? Nein, denn hier hat keiner Angst vor wirklichen Angreifern. Hier respektieren alle die geschriebenen und ungeschriebenen Gesetze des Krieges, aber ist es nicht doch so, dass hinter ihnen blutrünstige und bösartige Menschen lauern? Und laufen wir wirklich nur vor dem Tod davon, nicht auch vor dem Leben selbst? Vielleicht sogar vor uns selbst? Unseren Erinnerungen? Vor Hass, Verrat und Treue? Vor dem Meer und den Bergen? Vor den Menschen und vor Gott? … Welche Sünde unserer Vorfahren hat uns dieses Schicksal beschert? Haben wir denn nicht in diesem Jahrhundert bereits eine solche Prüfung hinter uns gebracht? Kommt vielleicht später noch eine weitere auf uns zu? Ich schreite weiter voran und kann nicht mehr klar denken. Ich versuche, die fragenden Stimmen in mir zum Schweigen zu bringen. Ich, ein Wesen voller Selbstzweifel, mit einem Superrucksack auf dem Rücken.

Ich werde Zeuge des ersten Hysterieanfalls: „Hätten sie mich doch nur in Abchasien getötet! Ich kann nicht mehr!" Die schluchzende und am ganzen Körper zitternde Frau hat sich auf ihren Koffer gesetzt. Ihr Ehemann, halb tot, halb lebendig, nähert sich ihr langsamen Schrittes, hilft ihr auf und wirft den Koffer schreiend in die Schlucht hinab: „Warum quälst du dich mit diesem Dreck? Wie oft habe ich dir gesagt, du sollst es wegschmeißen!" Aus dem Schlamm wimmert die Frau zurück: „Da drin ist die Kleidung der Kinder und auch dein guter Mantel … Wir werden uns keine neuen mehr kaufen können …"

Der Berg wird immer strenger zu uns. Koffer, Säcke und Taschen werden schwer wie Artilleriegeschosse, und 10 Kilo gleichen 100 Kilo. Je weiter wir nach oben kommen, desto schwerer wird alles …

Auf dem Weg nach oben werfen die Menschen immer mehr Zeug in die Schlucht hinab: Kleider, edles Besteck und Geschirr, Familienalben und Antiquitäten … sie trennen sich von ihrer letzten Habe. An einer Stelle stolpere ich über ein versilbertes, beschriftetes Trinkhorn. Wer weiß, auf wie vielen Familienfesten, Taufen und Hochzeiten dieses Trinkhorn zum Toasten benutzt worden war, das nun zusammen mit seinem Besitzer auf der Flucht war.

Auf dem Weg erzählt mir ein Fremder, wie in Matschara sechs Soldaten begraben wurden, die am Wegesrand in Suchumi ums Leben gekommen waren. Der *Kobra*-Rettungswagen habe sie eiligst nach Matschara gefahren, und einer von ihnen sei auf so entsetzliche Weise in zwei Teile gespalten gewesen, dass man den Eindruck gehabt habe, eine riesige Axt hätte ihn erschlagen. Seit drei Tagen versuche er nun herauszufinden, welch monströse Waffe dies angerichtet haben könne.

Es geht weiter den grandiosen Berg hinauf. Wir nähern uns einem Hirtenlager.

Bevor wir ankommen, ruhe ich mich noch einmal aus. Ich stelle fest, dass auch das Nieseln aufgehört hat. Es ist aber immer noch neblig.

Ich bin unglaublich erschöpft.

Erst einige Minuten später bemerke ich einen riesigen Ochsen, der direkt neben mir steht. Ich bin in der Stadt aufgewachsen und kenne mich mit den verschiedenen Rassen nicht aus, doch der Anblick dieses wunderschönen, eigenartigen Tieres fesselt mich. Majestätisch, in königlich-stolzer Haltung, mit Augen, die so schön sind, dass sie ihresgleichen suchen, und so vollkommen, dass sie jede idealisierte Statue in den Schatten stellen würden, betrachtet das Tier voller Verwunderung die riesige schlammverschmierte

Menschenmenge, die da den Berg heraufgekrochen kommt. Für diejenigen, die hier hoch oben in den Bergen leben, ist das natürlich ein vollkommen ungewohnter Anblick: so viele traurige, bedrückte Gesichter, qualvolles Ächzen und Stöhnen und hier und da erdrückende Stille. All mein Unglück scheint sich in den faustgroßen Augen des Ochsen zu bündeln und weiter anzuwachsen, um meine geschundene Seele noch mehr zu ersticken. Ich bereue es, kein Regisseur geworden zu sein, denn sonst würde ich einen Film drehen und diesem Ochsen eine Szene widmen.

Die Augen des Ochsen weiten sich, als plötzlich aus der Biegung ein fremdartiges Geräusch zu hören ist. Es erscheint eine Gruppe von 10 bis 15 Männern, die frische Plastikplanen wie Umhänge um Kopf und Schultern gelegt haben. Beinahe im Gleichschritt bewegen sie sich zielstrebig vorwärts. Der Ochse und ich betrachten dieses phantastische Bild, und ich versuche verzweifelt, die fliegende Untertasse ausfindig zu machen, mit der die Männer gekommen sind, denn sie machen nicht den Eindruck, als ob sie von dieser Welt wären. Doch bald schon ist die UFO-Besatzung hinter der Biegung verschwunden …

Mit geweiteten Nüstern beobachtet der Ochse die Flüchtlingsmenge weiter, ununterbrochen.

Ich habe den Eindruck, dass seine Hörner wie Kerzen leuchten.

Auf Wiedersehen, mein lieber *Zikara*, mein Brüderchen, unser Erlöser, der du verantwortlich bist für unser täglich Brot, verzeih uns Menschen unsere Erbarmungslosigkeit und hab deinerseits Erbarmen mit uns, denn du siehst, wohin uns das alles geführt hat. Ich kann spüren, wie dein sanftes Herz mit uns leidet, und ich weiß, dass du Mitleid verspürst. Du bist stets stark und freundlich gesinnt; wir aber haben dich nie gut behandelt, mein *Zikara*. Du warst stets ein treuer Freund des Menschen, und wir haben dich beim ersten Anlass geschlachtet – wir, dem Weg des Hasses folgend, bösartige und streitsüchtige Wesen.

Mein Klassenkamerad Dschemal Darzmelia holt mich ein, und wie immer freuen wir uns beim gegenseitigen Anblick.

Das Hirtenlager besteht aus drei mit Lehm und Mörtel zusammengehaltenen Holzhütten, und alle drei sind zum Bersten voll. Tausende Menschen treiben sich um die Hütten herum, unter ihnen ein junger Mann, dessen Hose bis zum Knie verbrannt ist. Er ist wahrscheinlich im Schlaf in ein Lagerfeuer hineingeraten, und nun klopft er sich die Aschereste von der Hose.

Es fängt an zu schneien, und es erscheint mir unmöglich, weiter zu verharren.

„Sollen wir weiter?", frage ich Dschemal.

„Lass es uns zu Ende bringen!", höre ich als Antwort.

Genau an diesem Punkt trennt sich die Spreu vom Weizen, denn hier fängt die alpine Zone an, hier gilt es zu überleben!

Hier und da sehe ich Edelweiß, anfänglich sind sie rosa, weiter oben gelb.

„Pflück uns und nimm uns mit, um der Frau deiner Träume eine Freude zu bereiten", flüstern mir diese verdammten Blumen zynisch zu. – „Könnt ihr denn nicht sehen, meine Lieben, dass ich auf direktem Wege in das Guinnessbuch der Rekorde bin? Noch läuft alles wie geplant. Nicht einen Zentimeter weiche ich von meinem Rhythmus ab. Gebt mir noch ein bisschen Zeit, damit ich einem Reporter eine gute Geschichte zu erzählen weiß, dann könnt ihr Zeuge dessen werden, wie ich der Frau meiner Träume eine Freude bereite. Da werden keine zehn Berge mit ihren Blumen reichen! Lacht nur, lacht mich nur aus, ihr Grazien! Wir werden sehen, wer am Ende lacht."

Ein schreckliches Geräusch schneidet sich durch den Nebel: Ein Traktor kommt uns entgegen. Ich höre, wie jemand sagt, dass dieser Traktor die Wege ebne, damit am Ende auch die Autos durchkommen. Eine Stunde später passiert uns der Traktor aus der anderen Richtung, von demselben schrecklichen Geräusch begleitet, und an einem dicken Seil schleppt er einen roten *Niva* den

Berg hinauf. Am Steuer des *Niva* erkenne ich Mito Tschanturia. Vorne sitzt seine Mutter, und die Rückbank ist mit Möbeln, Kisten und Kleidern vollgestopft. Der Anblick des *Niva* verleiht mir ein gutes Gefühl.

„Ich habe leider keinen Platz frei, sonst würde ich dich mitnehmen!" Mito schreit fast. „Ich habe dem Traktorfahrer ein Maschinengewehr gegeben, damit er mich nach oben bringt, den Rest mache ich dann alleine!"

Wenig später, bereits in einiger Entfernung, ist Mitos Stimme erneut zu hören, wie er jemandem zuruft: „Ich habe keinen Platz frei, sonst würde ich dich mitnehmen! ..."

Der Abend bricht herein, es weht ein kalter Wind, und dichter Schneefall beginnt.

Dschemal und ich beschleunigen unsere Schritte.

Obwohl wir am Meer aufgewachsen sind, kennen wir doch eines der wichtigen Gesetze des Berges: Ganz oben gedeihen nur Gräser und Edelweiß, von Bäumen ist dort keine Rede. Ein Lagerfeuer kann man nicht anzünden, und innezuhalten bedeutet den sicheren Tod!

Der Schneefall und der Wind werden immer stärker und erbarmungsloser. Auf dem engen Pfad trifft uns ein Windstoß dermaßen hart, dass wir beinahe in die Schlucht hinabgestürzt wären.

Wir versuchen, vorsichtiger zu sein.

Das Schneetreiben nimmt uns für einige Minuten völlig die Sicht. Verschwunden sind die Edelweiße und das Gras, und die farbenfrohe Umwelt verwandelt sich in ein tristes Schwarz-Weiß. Die Mütze, die ich in der weiten Tasche meiner Jacke aufbewahrt hatte, suche ich vergebens, denn ich habe sie irgendwo auf dem Weg verloren, und als ich versuche, mir die Kapuze überzuziehen, stelle ich fest, dass der eisige Wind sie eingefroren hat. Es knackt und knirscht vor lauter Frost. Die dicken Socken, die ich über meine inzwischen von einer Eisschicht bedeckten Schuhe gezogen habe, flattern in Fetzen hin und her. Und auch mein Gehstock ist um mindestens ein Kilo schwerer geworden durch das Eis, das sich angesetzt hat. Mit Müh und Not kann ich meine Socken und den Gehstock vom Eis befreien.

Bald stoßen wir auf das erste Opfer: Am Wegesrand liegt ein Mann, den Kopf bergab, mit geöffneten Augen und weit aufgerissenem Mund. Er muss an die 70 Jahre alt sein; auf dem Kopf trägt er eine altmodische Mütze.

„Steh auf, Onkelchen", sagt Dschemal in aufmunterndem Ton, fasst dem Mann an die Schulter – und zieht die Hand dann ruckartig, wie von einer Biene gestochen, wieder zurück. „Er ist tot", teilt er mir mit den Augen mit.

Erst in diesem Moment verstehe ich, dass der Mann ein Leichnam ist, und alles, seine Augen, sein Mund, seine Kleidung mitsamt der Mütze wird zu einem unerträglichen Anblick für mich ...

„Vielleicht hat ihn jemand umgebracht?" Ein junger Soldat von kleiner Statur, an die 20 Jahre alt und in voller Montur, holt uns ein.

Wir entdecken keinerlei Blutspur.

Von oben kommen einige swanische Soldaten raschen Schritts in Sicht. Sie rennen beinahe.

„Kehrt zurück in das Lager, kehrt um, sonst werdet ihr alle erfrieren!", rufen sie uns zu.

„Wartet – was ist diesem Mann zugestoßen?", fragen wir sie.

„Erfroren ist er, erfroren! Er ist tot!"

Der kalte schneidende Wind ist bis in die Knochen zu spüren, und ich binde mir den Wollschal um den Kopf.

„Was meinst du, Dschemal?"

„Kein Wind und kein Unwetter vermag es jetzt noch, mich zur Rückkehr zu bewegen. Ich kann kaum noch gehen, und umsonst sind wir sicher nicht so weit hinaufgestiegen."

Dschemal holt aus seinem Rucksack zwei dünne Decken hervor, gibt mir eine davon, in die anderen mummt er sich selbst ein.

Mit seinem Vollbart und in seine bunte Decke gewickelt gleicht Dschemal einem argentinischen Hirten.

Uns ist entsetzlich kalt. Wegen des Wetters sind wir nicht in der Lage, dem Verstorbenen die letzte Ehre zu erweisen, und so setzen wir den Weg mit gesenktem Kopf fort.

Ich fühle mich schlecht, entsetzlich schlecht. Der Tote war im Alter meines verstorbenen Vaters, und irgendetwas hätten wir unternehmen sollen. Ich weiß aber nicht, was ...

Der junge Soldat hält mit uns Schritt, und der Wind wird immer stärker und immer erbarmungsloser.

Ungefähr hundert Schritte weiter holen wir ein älteres Ehepaar ein, ungefähr 60 bis 65 Jahre alt, und ich werde Zeuge eines unfassbaren Ereignisses: Plötzlich fallen der kräftig gebauten Frau die Taschen aus der Hand, sie fällt vor meinen Füßen hin, reißt ihre Hände in die Luft und – stirbt. Ich kann meinen Augen nicht trauen. Geschieht das hier wirklich?

„Mütterchen!" Ich rüttle an ihr herum. „Mütterchen!"...

Der geschockte Ehemann steht einen Moment regungslos da, lässt dann die Tasche aus der Hand gleiten, fällt zuerst auf die Knie und dann längs neben seiner Frau auf den Boden.

„Was für ein Leben wir geführt haben, und wie elend wir jetzt verenden ..." Das sind seine letzten, mit Mühe hervorgebrachten Worte.

Wir versuchen, beide nacheinander wiederzubeleben. Ich wurde bisher noch nie Zeuge, wie jemand starb, und ich hätte nie gedacht, dass das so plötzlich und so unvermittelt geschehen kann ...

Der junge Soldat schluchzt hysterisch, wie ein Kind nach einer Tracht Prügel.

„Ich kann das nicht mit ansehen, ich kann das nicht mit ansehen ..." Er wiederholt diesen Satz immer wieder.

„Ich kann das nicht mit ansehen ..."

„Los, geh weiter. Weiter! Sonst wirst du erfrieren!", herrscht Dschemal ihn an.

Der junge Soldat stapft uns voran.

Vor uns sind weitere Anstiege, steil wie Wände.

Bald stoßen wir auf eine Frau, die auf einem Felsblock liegt. Mit dem Gesicht nach unten ist sie hier verendet. Später stolpern wir über einen bärtigen Mann im mittleren Alter, der um seinen Mantel einen Armeegürtel geschlungen hat. Auch er ist erfroren.

Die Tatsache, dass wir niemandem helfen können, fühlt sich wie ein Kloß im Hals an. Das einzige, was wir tun können, ist, unsere Mitstreiter mit Zurufen aufzumuntern: „Haltet nicht inne, geht weiter! Ihr müsst es bis zum Wald schaffen! Es ist nicht mehr weit!"

Ein geistig Behinderter mit einem Verband um den Kopf wird von seiner Mutter und seinem Bruder den Berg hinaufgetragen. Alle zehn Schritte sieht es so aus, als ob er mit seinen Verwandten endgültig zusammensacken würde. Er gibt keinen Laut von sich. Die Augen hat er nach oben zum Himmel hin gerichtet, und seine Mutter und sein Bruder ächzen vor Anstrengung.

Ein ungefähr 30 Jahre alter Mann fleht seine Mutter, die sich auf einem Felsen niedergelassen hat, an, weiterzugehen, doch sie vermag es nicht. „Stehen Sie auf, Frau, Sie müssen weitergehen", versuchen wir sie zu ermutigen. Ein junger Mann fragt uns nach einem Stück Brot. Zwei Tage habe er schon nichts mehr gegessen. Wir geben ihm etwas Brot und setzen unseren Weg fort. Ein wenig später schaue ich mich um und sehe, dass die Mutter aufgestanden ist und sich schwachen Schrittes weiterschleppt. Einige Tage später höre ich, dass Mutter und Sohn auf dem Pass verstorben sind – die Mutter, weil sie der Anstrengung nicht mehr Herr wurde, und der Sohn, weil er sie nicht allein lassen konnte.

Keiner hat diese Leute vorbereitet oder ihnen einen Rat gegeben, wie sie sich verhalten sollten, wenn sie diesen Pass bewältigen wollten. Während der Überquerung haben wir weder einen Arzt gesehen noch einen Sanitäter. Keiner hat Brot ausgegeben, und selbst die, deren Aufgabe es gewesen wäre, anderen zu helfen, haben in erster Linie sich selbst geholfen. Nicht einmal aufmunternde Worte vermochten sie anderen zu spenden. Die Not und das Elend haben uns zu Mitspielern in einem erbarmungslosen Spiel um Leben und Tod degradiert. Wenn du Kampfgeist beweist und nicht aufgibst, darfst du leben; wenn nicht …

Ein Großteil der Flüchtlinge verendete, weil sie mit ihren Nerven am Ende waren und mit gebrochenem Herzen und leerem Magen den Anstrengungen unter der Last, die sie trugen, nicht mehr standzuhalten vermochten. Erschöpft setzten sie sich irgendwo zum Ausruhen hin, ihnen fielen nur kurz die Augen zu, und das war das Ende. Aus eigener Kraft hatten sie den Berg bestiegen, und dem Himmel so nahe verließen sie diese Erde, die Natur um sie herum und auch all die Mitstreiter, deren Glück am selben seidenen Faden hing. Das Herz, unser sanfter, zerbrechlicher Freund und Träger all unserer heiligen Geheimnisse, wurde zum ersten Mal still und brachte seinen glücklosen Herrn für immer zum Schweigen.

Später, in Tschuberi, habe ich eine Gruppe von Bekannten getroffen, die einige Tage vor uns aufgebrochen waren. Als sie hungrig waren, haben sie irgendeine Beerenart auf dem Berg verzehrt, sich damit vergiftet und es dann gerade noch so über den Pass geschafft. Am nächsten Tag hätten sie einander nicht mehr erkannt. Sie erzählten mir, wie sie einander ausfragten, wer sie seien und so weiter …

In der griechischen Mythologie isst der Held eine Lotusfrucht, die ihn vergessen lässt, wer er ist und wohin er geht. In den georgischen Märchen ist das die Frucht der Habgier. Hinter all dem, was dort oben geschehen ist, steckt der erbarmungslose Kreislauf der Natur mit seiner unerbittlichen Wahrheit, unverrückbar in seiner Logik und für viele unbegreiflich in seiner Konsequenz: Nur die stärksten überleben.

Es ist ungefähr zehn Uhr abends und stockdunkel. Wir nähern wir uns dem letzten Anstieg, den es zu überwinden gilt. Ich habe schrecklichen Durst. Hier oben, oberhalb der Baumgrenze, sind kaum noch Wasserquellen vorhanden, und so kratze ich von den spärlichen Pflanzen um uns herum und den Hochspannungsmästen Schnee zusammen, um ihn wie Zuckerwatte zu mir zu nehmen. Genauso wie während meiner Kindheit in Suchumi, vor dem Militärkrankenhaus im Turbasa-Viertel, wo leckere Zuckerwatte verkauft wurde. Der Schnee tut mir gut, gibt mir Kraft und stärkt mich, als ob ich das Elixier des Lebens zu mir nähme.

Ich hole den jungen Soldaten ein, er weint nun nicht mehr. Mit leiser Stimme erzählt er mir das Schicksal eines Waffenbruders. Auf dem „Bitterwasser-Weg", der ebenfalls nach Tschuberi führt, kürzer, aber noch viel beschwerlicher ist, habe der eine mit Gepäck voll beladene Frau eingeholt und ihr seine Hilfe angeboten, indem er sich ihre beiden kleinen Kinder auf den Rücken schnallte. Innerhalb von zwei Stunden seien beide erfroren …

Den letzten Anstieg habe ich schneller als Dschemal bewältigt, und ich kann mich auf einem Felsbrocken ausruhen, um auf ihn zu warten. Vor Ermüdung fallen mir die Augen zu, und ich möchte aus diesem süßen Schlaf gar nicht mehr aufwachen. Ich weiß, dass ich erfrieren werde, aber die erdrückende Schlafsehnsucht entrückt mich in weite Ferne, auf irgendeinen himmlisch sanften Meeresgrund hinab. Am ganzen Körper erschöpft mobilisiere ich die letzten Kräfte, um mich wach zu halten, denn dieser unglaublich starke Drang einzuschlafen umgarnt mich und streichelt über meine Augen wie eine wunderschöne, hinterlistige Hexe.

Dschemal weckt mich auf, indem er mich ins Gesicht schlägt, und ich muss sagen, dass er sich dabei wahrlich nicht zurückgehalten hat.

„Steh auf! Sofort!", schreit er mich an.

„Geben Sie mir ein wenig Zeit, Truppenführer, ich ruhe mich nur ein bisschen aus und hole Sie dann wieder ein." Ich versuche, den Scherz mit einem Lächeln zu garnieren, doch zu einem passenden Gesichtsausdruck bin ich auch nicht mehr in der Lage.

Der „Truppenführer" bleibt streng und holt aus seiner Tasche ein kleines Glasgefäß mit einem roten Etikett hervor.

„Riech daran!"

„Was zum Teufel ist das, Herr Truppenführer?"

„Das ist ein Parfüm, es heißt *Krasnaja Moskva*. Verzeih mir, dass ich keinen Cognac dabei habe, sonst hätte ich dir natürlich den angeboten ..."

„Ich glaube, dieses „Rote Moskau" wird unser Verderben, deins auch ..."

„Los jetzt, riech daran. Vielleicht kommst du dann zur Besinnung und verstehst, was dein wahres Verderben ist."

Ich rieche an dem Parfum, reibe mir das Gesicht damit ein und genehmige mir sogar einen Schluck. Ich habe schon öfter gehört, dass Leute, auch aus geregelten Verhältnissen, Parfüm getrunken haben und sehr gut damit zurechtgekommen sein sollen.

Wenn die Hersteller dieses roten Parfüms über Dschemal und mich Bescheid wüssten, würden sie einen Werbefilm über die Situation drehen, in der wir uns hier befinden, und als Slogan hinzufügen: *„Krasnaja Moskva* – ihr wahrer Freund und Helfer in Extremsituationen, vor allem während bewaffneter Konflikte ethnischen Ursprungs".

Manchmal wunderten wir uns über die Ironie, die wir in dieser Lage und angesichts unseres Elends immer noch an den Tag legten. Welchen Grund hatten wir eigentlich noch, zu scherzen? ... Ein weiteres Mal wurden wir Zeuge, wie eine Eigenschaft von Leuten, die ihr Leben unkompliziert und mit geringer Verantwortung führen, einen in einer solchen Lage beschützen kann ...

Im ersten Abschnitt der alpinen Zone hatte ich eine ansehnliche, wenn auch schon ergraute Frau getroffen, die Edelweiß pflückte. Sie hatte so viel Blumen gepflückt, dass sie sie kaum noch halten konnte, und einige hatte sie sogar in ihr Haar eingewoben. Ihre Freunde schrien sie an: „Bist du verrückt geworden? Was machst du denn da? Halte Schritt!"

Doch sie pflückte weiter ...

Beeilen Sie sich nicht, gnädige Frau, Sie haben genug Zeit. Pflücken Sie noch mehr Blumen und teilen Sie sie mit ihren Freunden, denn mit den Edelweißblüten, die einem zuzwinkern und wie traurige Sterne aussehen, sollte der Aufstieg leichter fallen ...

Allen, die geliebte Menschen auf der Strecke zwischen Sakeni und Tschuberi verloren haben, möchte ich sagen, dass ihre Lieben eines friedlichen Todes von uns gegangen sind. Alle, die ich auf dem Weg gesehen habe, hatten einen friedlichen Gesichtsausdruck. Hört nun dem Verfasser dieser Zeilen genau zu, denn er hätte ihr Schicksal beinahe selbst geteilt: Am ganzen Leibe erschöpft war er dabei, einzuschlafen wie ein Kind, das von der Mutter in eine weiche Decke eingewickelt wurde und sich nun geborgen fühlt. Ich weiß genau, dass meine Worte der Trauer all derer, die ihre Lieben verloren haben, nicht gerecht werden können, doch vertraut mir: Es ist etwas vollkommen anderes, wenn jemand nach solch einer gottlosen Reise friedlich ins Jenseits dahinschwindet, wo wir früher oder später alle ankommen werden.

Wir setzen den Weg fort. Die Beine tun uns weh, und die Kälte schneidet tief in die Knochen hinein. Die Bühnendekoration dieses gnadenlosen Spektakels ändert sich erst, als der Mond sich zu uns gesellt, der geheimnisvolle Begleiter.

Ich spüre, wie ich wieder erstarke und wie unsichtbare, mystische Geschöpfe um mich herum tanzen. Ich spüre, dass der Mond mich nicht im Stich lässt. Er ist bei mir, wacht über mich wie ein Vater über seinen Sohn und versucht, mich zu beruhigen und mit Hoffnung zu erfüllen, sodass ich mich von den erdrückenden Fesseln der Vergangenheit befreien kann.

Hinter uns ist Geratter zu hören, ein BMP kommt in Sicht. Wir weichen zur Seite und werden von dem voll beladenen Transporter eingeholt, dessen Passagiere alle die Farbe des Mondes angenommen haben. Überhaupt hat der Mond alles um uns herum in seinen Schleier gehüllt. Unter dem Mond scheinen wir eine andere Ausstrahlung zu haben, und auch Dschemal erscheint mir als ein vollkommen anderer Mann. Ich habe das Gefühl, ich bin eine Figur aus einem der Meisterwerke von Hieronymus Bosch. In Verbindung mit den allseits tanzenden Schatten gleichen die in gelbe Farbe getauchten Felsen und Steine einem Schlachtfeld, das mit Tier- und Menschenkadavern übersät ist.

An dem Geschütz des Truppentransporters ist mit einem dicken Seil ein älterer Mann angebunden. Er lächelt verlegen, als ob er sich für etwas entschuldigen wollte. Das Gesicht des Mannes kommt mir bekannt vor, und tatsächlich erkenne ich ihn wieder, Schota Schartawa, den ehemaligen Vorsitzenden des Parlaments von Abchasien, der sein ganzes Leben lang für Ehrlichkeit und Aufrichtigkeit stand. Mich wundert inzwischen gar nichts mehr, auch nicht, dass man ihn wie die Statue eines Kriegsgottes an der Spitze des BMP befestigt hat – Schota Schartawa, der sich auf den steilen Steigungen mit dem Seil so majestätisch hält wie ein Reiter auf einem edlen Ross. Gleichzeitig erinnert er an eine der majestätischen Galionsfiguren auf den Schiffen des 17. Jahrhunderts, die die Besatzung erhobenen Hauptes in ungewisse Abenteuer führten. Schota Schartawa hatte einen Sohn, der ebenfalls Schota hieß, ein Wissenschaftler. Er ist zwischen dem 15. und dem 16. Mai in den Feuergefechten am Gumista-Fluss ums Leben gekommen. Als man ihn nur zwei Tage später für die letzte Ruhe herrichten wollte, erwies es sich als nahezu unmöglich, ihm das Maschinengewehr aus der Hand zu reißen. Der Finger am Abzug hielt felsenfest seine Position. Selbst im Grabe schießt er mit dem gekrümmten Finger weiter und führt so den Krieg im Jenseits fort.

Mir stehen Tränen in den Augen, ich habe Mitleid mit Schota und überhaupt mit allen. Selbst mit denen, die seinen Sohn erschossen haben. Wie erbärmlich und klein der Mensch doch ist! Nein, das war nicht einfach die Sentimentalität eines übermüdeten Mannes – nein, es war etwas vollkommen anderes. Etwas vollkommen Fremdes und Neuartiges. Es fühlte sich geradezu erhebend an: als ob ich eine neue Bewusstseinsebene erreicht hätte und irgendwo außerhalb dieser Welt gelandet wäre. Dieses Gefühl hielt einige Tage an, begleitete mich auf Schritt und Tritt und umgab mich, als ob es mich beschützen und auf mich aufpassen wollte.

Schota Schartawa junior und Sergei Schamba, der Anführer der abchasischen *Aidgilara*, waren Sandkastenfreunde. Sie sind in einem Hof aufgewachsen, haben gemeinsam mit Steinschleudern Streiche gespielt, gemeinsam in Tiflis studiert, sich dort eine Wohnung geteilt und schlussendlich doch gegeneinander Krieg geführt und sich gegenseitig beschossen …

Auf unserem Weg stapfen wir wieder an einigen erfrorenen Frauen vorüber, und ich habe das Gefühl, dass sie schon immer hier am Wegesrand gelegen haben müssen, ganz wie die Felsen und das Geröll, und dass sie sich niemals verändern, stets dieselbe Farbe tragen, mit denselben ausdruckslosen Gesichtern. Das Gefühl der Hilflosigkeit, nichts gegen dieses Elend unternehmen zu können, lastet genauso schwer auf mir wie der Frost und die Herausforderungen, die der Pass mit sich bringt. Wir wissen wieder nicht, was wir tun sollen: Sollen wir sie beerdigen? Oder wird morgen der Tod selbst aus dem Jenseits hierherkommen, um sich ihrer anzunehmen? Sollen wir sie lieber mitnehmen? Ja, aber wie sollten wir das bewerkstelligen? …

Ein weiterer BMP holt uns ein, wir halten ihn an. „Es sind Alte unter uns, sie können kaum noch. Nehmt sie bitte mit!"

„Siehst du nicht, dass wir keinen Platz haben?", antwortet ein junger Mann, der auf dem BMP sitzt, und klopft mir auf die Schulter.

Er weint.

„Warum weinst du?", frage ich ihn.

Der Soldat zeigt auf eine eingewickelte Leiche.

„Das ist meine Frau ... Wir waren mit unserem *Ural* unterwegs, und die Bremsen haben versagt, die Bremsen ..." Er kann den Satz kaum zu Ende sprechen und jammert laut.

Der Transporter setzt den Weg fort. Der junge Mann blickt die ganze Zeit auf mich zurück.

Der Mond spendet uns Licht, während es bergab geht. Mein verletztes Knie rebelliert, denn es mag keine Abstiege.

Die Angst vor dem Tod hat uns nun endgültig verlassen, und nach ungefähr drei bis vier Kilometern ist wieder Wald zu sehen. Hier und da leuchtet ein Lagerfeuer daraus hervor – es müssen Dutzende sein.

Wir kommen immer öfter an Wasserquellen vorbei. An jeder von ihnen stille ich meinen Durst, und ich lasse mir viel Zeit dabei, ganz wie bei einem ausgiebigen Gespräch mit einem alten Freund, den man sehr vermisst hat. Sie nähren mich und geben mir Kraft.

„Sei gegrüßt, liebe Quelle, was hat dich wohl hierher getrieben? Bist du etwa auch ein Flüchtling? Fliehst etwa auch du bergab? ..."

Dschemal versucht, mich davon abzubringen, so viel Wasser zu trinken, aber ich bin unbelehrbar.

„Lassen Sie mich nicht im Stich, Truppenführer!", rufe ich Dschemal scherzend zu, der einen leichten Vorsprung hat. „Lass mich nicht im Stich, sonst werde ich dich zusammen mit David dem Erbauer als Geist plagen, und den Direktor der Moskauer Parfümfabrik werde ich auch mitbringen."

„Schlimmer als jetzt kannst du sicher nicht mehr werden, nicht einmal als Geist", lächelt mir mein „Argentinier" zu.

In meinen Schuhen, die ich mit Kleiderfetzen umwickelt habe, und meinen schlammverschmierten Kleidern sehe ich wie ein deutscher Soldat aus, der gerade von der vernichtenden Niederlage bei Stalingrad zurückkehrt.

Dschemal bietet auch keinen viel besseren Anblick.

Weiter unten, auf einem Abstieg, hält uns ein Soldat auf: „Die Frau da stirbt unter meinen Händen! Helft mir! Was soll ich nur tun?"

Ich schaue mich um – auf den ersten Blick gewahre ich niemanden, doch dann sehe ich eine Frau, die auf einer kleinen Erhebung ausgestreckt liegt.

„Eine ist gerade eben verstorben, und die hier ist nun auf dem besten Wege dahin ... Helft mir! Was soll ich nur tun?"

„Bist du mit ihr verwandt?", fragen wir ihn.

„Nein, ich bin hier vor ungefähr einer Stunde auf sie gestoßen."

Einige Minuten später ist auch die zweite Frau von uns gegangen.

Ich habe noch heute seine Worte im Ohr: „Die Frau stirbt unter meinen Händen ..."

Auf dem Weg spricht man über eine Frau, die angeblich ihr Kind im Stich ließ, um sich selbst zu retten. Später höre ich vom traurigen Schicksal einer anderen Frau, der zwei Kinder während der Überquerung des Passes erfroren sein sollen. Ihr drittes habe sie Mitflüchtlingen anvertraut, bevor sie sich durch einen Sturz in die Schlucht das Leben genommen habe. Ich bin mir sicher, dass beide Gerüchte dieselbe Frau betreffen: Das erste ist das Ergebnis von Stiller Post unter Flüchtlingen, das zweite ist die bittere Wahrheit. Es ist unvorstellbar, dass eine Mutter ihr Kind allein lässt, um sich selbst zu retten. Wenn, dann nur, um ins Jenseits hinüberzugehen – in die ewige Nacht ... Nur nicht noch ein Kind krepieren sehen! ... Möge der Tod mich als Opfer akzeptieren und mein drittes Kind verschonen! ... Hier, bedien dich bei mir, aber bitte verschone mein Kind!

Bald fangen wir an zu halluzinieren – wir haben den Eindruck, dass die riesigen Felsen, die aus der Schneedecke hervorragen, Hütten der Ortsansässigen sind.

„Was für Menschen mögen in solchen Behausungen wohnen?", frage ich Dschemal.

„Schau dich nicht um! Da kommen welche hinter uns her, ich glaube, das sind Räuber", raunt mir Dschemal zu, und ich gewahre, wie sein Griff um den Revolver, den er in seiner Tasche versteckt hält, fester wird.

Die „welchen" stellen sich später ebenfalls als Steine und Geröll heraus, genau wie die Hütten, die in Wirklichkeit Felsbrocken sind.

Zur selben Zeit lauerten jedoch einige Biegungen weiter unten wirklich Räuber und Wegelagerer, hinter den Felsen und dem Geröll versteckt, die den Flüchtlingen und den Soldaten Schmuck und Waffen raubten und ihnen auch noch die letzten Habseligkeiten wegnahmen. Über unsere Köpfe hinweg sirrten einige Kugeln, sie beschrieben einen langgezogenen Halbkreis in der Luft, und aus der Ferne war das Stakkato von Sturmgewehren zu hören.

Auf dem weiteren Weg stießen wir auf den Leichnam eines jungen Mannes, der offensichtlich wegen seiner Waffe ermordet worden war. Später stolperten wir über einen erfrorenen Soldaten, der noch seinen Helm trug; wer weiß, vielleicht wurde auch er wegen der Waffen, die er bei sich hatte, angeschossen und dann seinem Schicksal überlassen …

Hier gibt es niemanden, der Fragen stellt, und keiner steht für Gerechtigkeit ein. Bist du in der Lage, der erbarmungslosen Natur des Menschen standzuhalten? Wehe, wenn nicht …

Das Geröll unter meinen Füßen erinnert mich an kleine Pilze, und die Frostschicht, die es bedeckt, bringt mich einige Male zu Fall. Meine rechte Seite schmerzt sehr, allerdings glaube ich, dass meine Rippen heil geblieben sind, denn sonst würden sie sich ja bei jedem Schritt melden.

Gegen Mitternacht haben wir es bis zum Wald geschafft, und den vielen Lagerfeuern fügen wir unser eigenes hinzu. Das marode und nasse Holz brennt nur widerwillig, und wir tun unser Bestes, um es zu entzünden. Wir versuchen, uns zu wärmen und trotz der bitteren Kälte Schlaf zu finden. Alles ist zu einem „vagen Versuch" verkommen. Wir versuchen, am Leben zu bleiben, und wir versuchen, weiter zu atmen.

Einen seltsamen Umstand muss ich noch erwähnen: Während der ganzen Reise hatte ich einen salzigen Geschmack im Mund, ganz wie jemand, der gerade erst das Schwimmen gelernt hat und bei einem Badeausflug ordentlich Meerwasser geschluckt hat. Während ich immer weiter stapfte und stapfte, rief ich mir wie ein trotziges Kind immer wieder den Geschmack von Brombeermarmelade und frischem Brombeersaft ins Gedächtnis. Hätte mich jemand gefragt, was ich am meisten vermisste, hätte ich ohne zu zögern „Brombeermarmelade" geantwortet. Wie ich nun am Lagerfeuer sitze und darüber nachdenke, nähert sich ein Fremder, fragt mich: „Magst du etwas Marmelade?" und überreicht mir ein Litergefäß. Erschöpft, wie ich bin, schaffe ich es kaum, meinen Kopf zu heben, und mit Mühe nehme ich ihm das Gefäß aus der Hand. Es ist Brombeermarmelade … Ich nehme die Köstlichkeit zu mir, und vor lauter Wohlempfinden schließe ich die Augen. „Iss nur, hab keine Scheu", beruhigt mich der Fremde. Ich lasse mir das nicht zweimal sagen und greife zu, nicht ohne ihm zu danken. Anschließend verschwindet er genauso plötzlich, wie er aufgetaucht ist.

Es gibt ganz besondere Träume, die keinem anderen gleichen, und es gibt ganz besondere Menschen, man könnte sagen, Originale, die vollkommen und einzigartig sind. Dieser Mann war einer von diesen besonderen Menschen, ganz außergewöhnlich. Ich verstehe nicht, was ihn dazu bewogen haben mag, dieses Gefäß über den Berg zu tragen, während andere sich beinahe aller ihrer Habseligkeiten entledigten, um durchzuhalten …

In einiger Entfernung von den Lagerfeuern liegt eine Gruppe von Menschen in bunte Decken gehüllt auf dem eisigen Boden.

„Warum kommen die nicht zum Feuer, ist ihnen nicht kalt?", frage ich stammelnd einen der Umherstehenden.

„Die sind bereits von uns gegangen", antwortet eine ruhige und nachdenkliche Stimme.

„Hmmm ...", antworte ich ebenso nachdenklich und genehmige mir einen Schluck Wasser aus einer Feldflasche. Aus irgendeinem Grunde kann mich die Ruhe in mir nicht mehr verwundern.

Am nächsten Morgen setzen wir unseren Weg um sechs Uhr früh fort. Es ist ein sonniger und farbenprächtiger Morgen, zugleich aber herrscht schneidende Kälte. Auf dem Weg finden wir wieder einige Verstorbene am Wegesrand vor; sie nehmen mit einem eisigen und vollkommen fremdartigen Gesichtsausdruck Abschied von uns und wünschen uns eine gute Reise, unsere lieben dahingeschiedenen Mitflüchtlinge. Sie liegen da und halten ein zerknülltes Stück Papier mit ihren Vor- und Nachnamen in den Händen. Es ist genauso wie in einem Krankenhaus, wenn Neugeborene zur Welt kommen: Sie liegen da, und an ihrem Handgelenk ist ein Stück Papier mit ihrem Namen angebunden. Der einzige Unterschied ist der, dass die im Krankenhaus Neugeborene sind und die hier auf dem Bergkamm Frischverstorbene. Ihre Hatz, ihre Flucht durch das Leben hat nun ein Ende, während die Zurückgebliebenen ihren Flüchtlingsweg fortsetzen, ihren Weg in Richtung auf ein besseres Georgien, wo die Menschen füreinander da sind, ihr Land von ganzem Herzen lieben (wie auch das Land sie liebt), und wo niemand niemandem das Leben nimmt: weder mit Waffengewalt noch mit Worten, und auch nicht mithilfe von Hass und Vertreibung.

Die Sonne beginnt nun, unsere Umgebung aufzuwärmen, aber die erkalteten Herzen von Menschen, die ihre Hoffnung aufgegeben haben, vermag sie nicht zu erreichen. Den Weg, den wir zu bewältigen haben, begleitet ein kleiner, aber lautstarker Bach. Ich stolpere vor mich hin und unterhalte mich in Gedanken verloren mit den Bäumen und mit dem Bach, meinen lieben, alten Kameraden!

Reno Bokutschawa und Romeo Dschgharkawa holen mich ein. Reno und ich sind Studienkollegen. Die riesige Tasche, die er bei sich hat, trägt er mal auf der linken, mal auf der rechten Schulter. Wir halten einige Male Rast, teilen unser Brot in drei gleiche

Stücke und genehmigen uns Quellwasser dazu. Selten habe ich so leckeres Brot gegessen.

Auf dem Weg verliert man sich gegenseitig aus den Augen, nur um später wieder zueinander zu finden, und fremde Menschen unterhalten sich, als ob sie Sandkastenfreunde wären. Der Bergkamm ist nun nicht mehr so gefährlich, und ich kann spüren, dass er in den letzten Zügen liegt.

Wir treffen nun immer seltener auf Verstorbene am Wegesrand oder auf frische Gräber.

Ein Mann mit Frau und Kind im Schlepptau holt mich hinkend ein. Auch er trägt einen Gehstock bei sich, denn er ist mit dem Fuß umgeknickt. Wir schreiten gemächlich vor uns hin, und er unterhält sich mit mir über Suchumi, als wir unter einer Tanne den Leichnam einer Frau um die Siebzig wahrnehmen. Ihr Körper ist mit einem Umhang bedeckt, wie er üblicherweise von Soldaten getragen wird.

„So weit ist sie gekommen, und dann hat sie hier doch noch das Unglück ereilt!", sagt der Mann zu mir.

Dann bedeutet er mir plötzlich zu warten und tritt an den Leichnam heran.

Er hält inne und erbleicht.

„Das ist meine Tante", wispert er vor sich hin.

Nach wenigen Augenblicken trifft er seine Entscheidung: Die Frau und das Kind schickt er weiter Richtung Tschuberi, er selbst bleibt bei seiner verstorbenen Tante.

„Ich warte auf ein Auto, ich will sie auf dem Friedhof in Tschuberi zur Ruhe betten lassen. Später werde ich sie zurück nach Suchumi bringen …"

Hier und dort kommen uns von unten *Ural*-Fahrzeuge entgegen, die die erschöpften Flüchtlinge zum Transport aufnehmen.

Die Abstiege werden immer sanfter.

Ich begegne Sergo Zurzumia, einem jungen Autor, der in Begleitung seiner drei kleinen Kinder ist und mir erzählt: „Vier Tage sind wir nun unterwegs … Einmal haben wir ein Lagerfeuer entzündet, und meine Schwägerin fing an, Brötchen zu backen. Der Geruch scheint sich weit verbreitet zu haben, denn gleich danach trat ein Soldat auf uns zu, der einige Tage nichts mehr zu sich genommen hatte und uns um ein Brötchen bat. Meine Schwägerin gab ihm zwei Stück. Er setzte sich zu uns, ruhte sich aus, und bevor er ging schenkte er meinem jüngsten Kind Geld. Die Kleine saß zu dem Zeitpunkt im Schoß einer Bekannten. Die schaute sich um, nahm dem Kind unauffällig das Geld ab und steckt es in ihre Manteltasche. Später kam eine junge Frau zu uns, ihr Kind habe den ganzen Tag nichts gegessen, ob wir ihr nicht ein Stück Brot abgeben könnten. Meine Schwägerin gab auch ihr zwei Stück, und die Frau dreht sich um und ging. Ich konnte sehen, wie sie sich hinter einem Baum versteckte und anfing, die heißen Brötchen selbst zu essen. Aus irgendeinem Grund taten mir die Leute unglaublich leid. Meine Schwägerin hatte nun alle ihre Brötchen verteilt. Erst am Schluss dachte sie an unsere Kinder, und sie stieß mehrere Male hervor, dass uns der Herr schon helfen würde. Ich glaube, dass uns der Herr tatsächlich geholfen hat, denn wir sind friedlich bis hierher gelangt, auch wenn ich nicht weiß, was noch auf uns wartet, wohin wir gehen sollen und was dann kommen wird."

Gegen Abend erreichen wir Tschuberi. Wir legen uns auf riesige zersägte Holzstämme und spüren, wie wir langsam in einem endlosen Ozean von Leere einschlafen …

Ein paar Tage später ging es dann mit einem Containerlaster nach Zugdidi. An die 50 Mann, mich eingeschlossen, haben auf dem Laster Platz gefunden, es ist so voll, dass nicht einmal eine Maus zwischen uns Platz finden würde. Einige von uns stehen, andere sitzen. Die Atemluft tropft in flüssiger Form von der Decke des Containers herunter, und die Flüchtlinge, am Ende mit ihren Nerven, streiten sich über alles Mögliche; Gründe haben sie ja genug. Herzzerreißend schwach kämpft eine kleine Glühbirne gegen die Dunkelheit an und symbolisiert so die Lage eines jeden einzelnen hier. Wir bleiben auf dem Weg einige Male stehen, um den Container zu lüften. In Chaischi und Dschwari werden wir angehalten, und jeder einzelne wird nach Waffen durchsucht. Einer der Posten droht Reno eine Haftstrafe an: „Ich kann von hier aus sehen, dass du in deiner Tasche eine Panzergranate hast." „Tu dir keinen Zwang an und sieh nach!", sagt ihm Reno. Der Uniformierte durchsucht die Tasche und findet zu seiner Enttäuschung lediglich eine Flasche. „Du Hurensohn, du ...!", flucht er. Im Dorf Lia hat unser Laster eine Panne; wenn ich mich nicht irre, war das genau vor der Haustür der Samuschias. Der Hausherr kommt heraus und lädt alle zu sich nach Hause ein. Den Frauen und Kindern spendet er ein Abendbrot und den Männern frisch gepressten Wein. Er spricht uns Mut zu, wünscht uns Glück und Segen und verabschiedet sich am Ende sehr herzlich.

Drei Nächte verbringe ich in Sugdidi, bei der liebevollen Familie von Batschana Dsandsawa.

Das nächste Ziel war Senaki, das Haus von Aleko Zchakaia.

Als wir uns der Zcheniszkali-Brücke näherten, sahen wir, wie über die Gegend verteilt Georgier aufeinander schossen. Ich bat erst die eine, dann die andere Seite, uns passieren zu lassen. Sie dachten nach und räumten uns dann ein paar Minuten ein. Kaum hatten wir den Fluss überquert, setzten sie ihr erbittertes Gefecht fort. Beide Seiten haben tapfer gekämpft, das steht außer Frage. Sie schossen unaufhörlich aufeinander, und irgendwo hoch oben über den Wolken vergoss der Geist der Einigkeit bittere Tränen, während Satan vor Freude lachte ...

Ich habe langsam das Gefühl, dass ich den Bergkamm nun Schritt für Schritt überwunden habe, jedoch habe ich ein fremdartiges Gefühl dabei ... Er hat in jeglicher Hinsicht seine Spuren hinterlassen: Wie ein starkes dreifüßiges Gerüst hat er in der Vergangenheit, in der Gegenwart und in der Zukunft fest seine Wurzeln geschlagen und sich häuslich eingenistet, gemeinsam mit der UFO-Besatzung, dem verwunderten majestätischen Ochsen, dem alten Mann, der an das Geschütz des BMPs geknebelt war, all den Schmerzensschreien, dem qualvollen Ächzen und dem Gefühl der hoffnungslosen Reue … Ich weiß genau, dass der Pass immer wieder überquert werden wird, denn er ist der Pass der Flüchtlinge, der einzige Pass der Welt, der selbst auf Reisen geht, über die ganze Erde hin, genährt durch die Kraft der Flüchtigen. Ähnlich einem riesigen Schiff wird er ganze Ozeane, Meere, alle Kontinente und Länder bereisen: von eisigen Winden getrieben, verflucht und großartig zugleich, sich das eigene Herz mit bloßer Hand herausreißend, mit dem Blut Georgiens überströmt, der Übergang vom Tode zum Leben – verfluchter, verfluchter, verfluchter Pass!

Der Pass der Flüchtlinge ist der höchste Pass von allen. Durchtränkt von der reinen Luft des Heimatlandes, erhebt er sich hoch über all den Kleinigkeiten, über all dem Geld und dem Verrat, der Naivität, der Gier und der Kurzsichtigkeit einer Gesellschaft, die letztendlich doch nur aus Individuen besteht – jedes einzelne mit seinen eigenen Zielen, Ansprüchen und der eigenen Definition von Glück, Macht, Reichtum und Einigkeit. Der Pass ist ein Golgatha, das alle Sünden Georgiens zusammen auf sich nimmt … In seinem Herzen steht ein junger Vater, einsam, das sterbende Kind an die Brust gedrückt, der alle verflucht: Politiker und Unpolitische, Verstorbene und noch Lebende, Georgier und Nichtgeorgier, Männer und Frauen … uns alle, ausnahmslos! Jeder hat, aus welchen Gründen auch immer, seinen Anteil an Mörtel, Steinen, Sünden und Reue mitgebracht, um gemeinsam diesen steilen Pass zu errichten. Er verflucht auch mich jetzt, wo ich diese Worte niederschreibe, und auch Sie, verehrte Leser, die gerade diese Worte lesen …

Was sollen wir tun, welchen Weg sollen wir einschlagen? Wie können wir dem sterbenden Kind helfen, das um sein Leben ringend in den Armen des Vaters liegt und an dessen traurigem Schicksal jeder einzelne von uns seine Verantwortung trägt?

15.–27. Oktober 1993